SOYEZ UNE LÉGENDE

TIBO INSHAPE

avec Cécile-Agnès Champart

SOYEZ UNE LÉGENDE

Michel Lafon

AVERTISSEMENT

Aucun livre ne saurait remplacer un médecin ou un coach diplômé. Les informations figurant dans cet ouvrage n'ont pas vocation à se substituer aux recommandations d'un professionnel de la santé.

118, avenue Achille-Peretti - CS 70024
92521 Neuilly Cedex

“ UNE LÉGENDE ! VOILÀ CE QUE VOUS POUVEZ DEVENIR, JUSTE AVEC UNE MOTIVATION ÉNORME ET SÈCHE. ALORS, PRÊT À RELEVER LE DÉFI ? SUIVEZ-MOI, C'EST PAR ICI ! ”

TIBO INSHAPE

SOMMAIRE

INTRODUCTION

QUI EST TIBO INSHAPE ?

On va la jouer simple, rapide et efficace ! DAAMN !

Je vis avec ma famille dans le sud de la France.

J'ai commencé les vidéos YouTube il y a plus de trois ans, à la fin de mon école de commerce à Toulouse.

La première année, nous étions 6 000 abonnés sur la chaîne : on pouvait remplir une grosse salle de sport tous ensemble.

La deuxième année, 100 000 abonnés. Ça commençait à devenir compliqué si on voulait tous s'entraîner ensemble en même temps.

La troisième année, nous étions 1 million d'abonnés… La TeamShape s'agrandit !

Et aujourd'hui nous sommes plus de 3 millions !

Ça en fait, des petites veines !

Mes premières vidéos étaient là pour donner des

conseils de musculation basés sur ma propre expérience : comment bien manger, perdre du poids, s'entraîner en salle de sport, à la maison, prendre du muscle...

Au fur et à mesure de mes vidéos, les sujets se sont diversifiés : immersion avec l'armée, tests de nouveaux sports ou encore rencontres avec mes abonnés qui avaient vécu des histoires incroyables.

Pour moi, le sport a toujours eu une place importante. Je suis persuadé qu'il permet d'être plus équilibré et mieux armé face au stress de la vie de tous les jours.

Et si aujourd'hui vous lisez ces lignes, c'est parce que vous aussi, vous avez décidé de prendre votre vie en main !
Je vais tout faire pour vous aider à donner le meilleur de vous-mêmes !

Je vais faire de vous une légende !

VOTRE MISSION !

« FAUT-IL ÊTRE MUSCLÉ POUR VIVRE OU VIVRE POUR ÊTRE MUSCLÉ ? »

DAAMN TEAMSHAPE, j'espère que vous allez bien ! C'est Tibo InShape et c'est un plaisir de vous parler.
Et aujourd'hui les gens, je vais tout faire pour vous aider à atteindre votre objectif énorme & sec !
Oui, ensemble, on va faire un bout de chemin et je vais vous accompagner vers votre succès !

Bon, déjà, on va poser les bases : qu'est-ce que vous souhaitez le plus au monde ? Avoir votre bac ? Le permis ? Le métier de vos rêves ? Prendre des bras ? Choper des petites sur Tinder ?

Qu'importe votre but ! Je veux qu'à la fin de ce livre, vous ayez défini votre objectif et je vais tout faire pour vous aider à y arriver !

Ce sera ça, votre **MISSION !**

1 QUE VOULEZ-VOUS VRAIMENT ?

SI VOUS VOULEZ RÉUSSIR, VOUS DEVEZ AVOIR UN BUT, UNE MOTIVATION BIEN À VOUS ET UN OBJECTIF. AINSI, PERSONNE NE POURRA VOUS ARRÊTER !

C'est compliqué de savoir ce qu'on veut vraiment. Car autour de nous, il y a la famille, des potes, l'école, le boulot, et tout ça, ça oriente notre vie.

De plus, entre les soirées étudiantes et les petites qui font des selfies sur Instagram, on a souvent du mal à se concentrer.

Mais quand on veut atteindre un but ambitieux et qu'on se sent mal dans sa peau, c'est important de se demander, non seulement **CE QU'ON VEUT** vraiment, mais **POURQUOI ON VEUT L'OBTENIR.**

Et ce n'est pas moi qui vais fixer vos objectifs.

Ni votre mère, qui vous aime comme vous êtes.

Ni votre petite qui vous trouve trop mignon comme ça, avec vos bonnes poignées d'amour :

Petite : – Pourquoi tu veux changer, mon cœur ?

Moi : – Mais parce que c'est du GRAS, en fait ! Je ne me sens pas bien dans mon corps et ce n'est pas l'image que je veux donner de moi ! Je ne suis pas venu ici pour grossir, OK !?

VOUS ÊTES LE SEUL À POUVOIR CHANGER VOTRE VIE ET VA FALLOIR S'Y METTRE CAR IL Y A DU BOULOT !

PRÉPAREZ-VOUS DONC UN PETIT THÉ VERT,

ET C'EST PARTI !

POUR VOTRE LECTURE
VOUS AUREZ BESOIN :

D'UN
STYLO

D'UN
PAPIER

DE VOS
PETITES VEINES

PAS DE PANIQUE !

Je vais vous aider, on va faire ça par étapes.

ALLONS-Y !

Posez-vous les questions les plus importantes :
Qu'est-ce que j'aimerais faire dans ma vie ?
Qu'est-ce que j'aimerais avoir ?
Qu'est-ce que j'aimerais devenir plus tard ?

Prenez le temps d'explorer tout ce qui vous tient à cœur, et notez-le sur une feuille. Ne vous arrêtez pas à un souhait, à un seul objectif.

AUJOURD'HUI ON RÊVE ÉNORME & SEC !

NO LIMITS !

Pas de « je n'ai jamais de chance, je suis trop gourmand, je ne peux pas me passer de dix heures de sommeil, l'univers n'est pas prêt pour mon génie, je n'ai pas un rond... »

Si vous avez vu mes vidéos de transformation avant-après, vous avez compris que, même coincé dans un hôpital, à quelques centimètres de la mort, **ON PEUT REPRENDRE SA VIE EN MAIN ET SE DÉPASSER POUR MIEUX REPARTIR.**

Quels que soient les obstacles apparents, on ne se décourage pas et on va jusqu'au bout de ce livre ! Même si on ne sait pas lire ! Aucune excuse !

Vos objectifs, il peut y en avoir des milliards :

« JE VEUX PASSER UN AN EN AUSTRALIE. »

« JE VEUX ÊTRE MINCE. »

« JE VEUX ME LEVER EN FORME CHAQUE MATIN. »

« JE VEUX ÊTRE BIEN DANS MA PEAU. »

« JE VEUX FONDER UNE FAMILLE. »

« JE VEUX OBTENIR MON BAC. »

« JE VEUX FAIRE UN MARATHON. »

« JE VEUX RENCONTRER LA PETITE DE MES RÊVES. »

« JE VEUX ÊTRE HEUREUX. »

« JE VEUX CRÉER MA CHAÎNE YOUTUBE. »

« JE VEUX UN APPART RIEN QU'À MOI. »

« JE VEUX PRENDRE DU POIDS. »

« JE VEUX DEVENIR MÉDECIN. »

« JE VEUX AVOIR DES PECS. »

Plus vous allez écrire sur une feuille, plus vous allez vous trouver des rêves, des envies, des souhaits... Chaque fois que vous pensez avoir terminé, relisez votre liste, encore et encore, pendant cinq minutes. Si au bout de ces cinq minutes vous n'avez rien écrit de plus, OK, on passe à la suite !

Bravo soldats, vous avez maintenant votre liste de buts dans la vie ! Gardez tout ça pour vous et n'en parlez à personne ! Même pas à la petite à côté de vous. (Oui, même si elle a des meules énormes !) Ces objectifs, ça doit rester entre vos veines et vous...

C'EST TOUT !

2 CLASSEZ VOS SOUHAITS

En 1961, quelqu'un a écrit la liste suivante :

1. Devenir l'homme le plus énorme & sec du monde.
2. Aller en Amérique.
3. Devenir riche.

Cette liste, c'était celle d'Arnold Schwarzenegger.

Et c'est exactement ce qu'il a accompli !

À VOTRE TOUR ! **DEMANDEZ-VOUS CE QUI EST LE PLUS IMPORTANT POUR VOUS. CE DONT VOUS AVEZ LE PLUS ENVIE. CE QUI VOUS EXCITE LES VEINES RIEN QUE D'Y PENSER !**

CE DONT VOUS AVEZ BESOIN POUR ÊTRE HEUREUX TOUT DE SUITE, ET ÉPANOUI APRÈS.

Identifiez ce but numéro 1, dans la liste que vous avez écrite.

TRÈS BIEN, ON VA S'OCCUPER DE LUI MAINTENANT...

3 L'HEURE DU TEST

Maintenant, vous devez mettre vos souhaits à l'épreuve pour vérifier que c'est un véritable objectif.

Cette étape doit vous éviter de vous retrouver, dans six mois, au bout du rouleau parce que vous n'avez pas réussi à perdre du poids. Ou d'être frustrés d'avoir toujours de mauvaises notes en cours.

BOUM !

LES CRASH-TESTS DE TIBO !!!

Est-ce qu'il va y survivre ??? Suspense !

ALORS, CET OBJECTIF... ?

1. EST-CE QU'IL EST SEXY ?

Est-ce que dans votre **CORPS** vous sentez une vraie excitation quand vous pensez à cet objectif ? Vous devez vibrer d'enthousiasme, avoir envie de sourire et de foncer juste en y pensant. Vous devez sentir **LA PASSION ! L'ENVIE ! LE PLAISIR !**

2. EST-CE QU'IL EST RÉALISABLE ?

En avez-vous les compétences ? Les moyens ?

Le temps ? L'argent ?

Et sinon, est-ce que vous pouvez les avoir ?

Imaginez que votre but est un plat de riz-dinde sur une étagère.

Pour l'attraper, vous pouvez, soit :

- vous mettre sur la pointe des pieds ;
- utiliser un tabouret ;
- monter sur une échelle.

→ Ça, c'est réalisable !!!

Mais vous pouvez aussi :

- vous téléporter ;
- voler.

→ Ça, ce n'est pas possible ! (Du moins pas encore !)

3. EST-CE QU'IL EST MESURABLE ?

Fixez-vous une notion précise pour éviter d'être déçus plus tard.

Combien je veux perdre de poids :

- 3 kilos ?
- 10 kilos ?

Je veux avoir de bonnes notes :

- 12 de moyenne ?
- Mention assez bien au bac ?

Je veux une relation sérieuse :

- Un an minimum ?
- Toute la vie ?

Je veux être riche :

- 2 500 euros par mois ?
- Une augmentation de 5 % ?

4. EST-CE QU'IL EST ANCRÉ DANS LE TEMPS ?

POUR QUAND voulez-vous avoir réussi ?

Ce « quand » doit être, là encore, **LE BON MÉLANGE DU RÉALISME ET DE L'AMBITION.** Si on est en avril et que votre moyenne générale est 3... on ne va pas se mentir, oui, vous pouvez avoir votre bac avec mention, mais pas cette année ! Prévoyez donc dans votre plan de redoubler pour repartir du bon pied l'année prochaine.

Ne partez pas non plus en vous disant : « Cette année, je prends vingt kilos de muscle sec. » La muscu, c'est comme un marathon, on prend son temps.

Oui, vous prendrez vos vingt kilos, mais on n'est pas pressé !

RÉSULTAT : ÇA PASSE OU ÇA CASSE ?

Si votre objectif échoue aux crash-tests, c'est qu'il n'était pas suffisamment réfléchi, motivant, ou précis.

Stop, ne pleurez pas ! Si c'est un but qui vous tient à cœur, continuez à y réfléchir et à reformuler votre objectif pour qu'il survive à ces tests.

Mais attention ! Si vous prenez cette étape à la légère, vous allez être déçus par la suite ! N'oubliez pas : si vous faites tout ça, c'est pour vous !

Alors, donnez-vous toutes vos chances de réussite car **VOUS ÊTES LES MEILLEURS !!!!**

LE LIVRE DE MON SUCCÈS

MON PLAN D'ACTION ET MON TEMPLE

1. LISTE DE NOS OBJECTIFS

1 Avoir 1 cheval
2 Rencontrer Tiba
3 avoir des meubles énorme

2. CLASSEMENT DE MES OBJECTIFS

2
1
3

INSPIRATIONS ?

Rêvez en grand, imaginez que vous êtes capables de tout… et vous le serez !

3. PRÉCISEZ VOTRE OBJECTIF

Oui
Oui
Oui
Non

1. IL EST SEXY ?
2. IL EST RÉALISABLE ?
3. IL EST PRÉCIS ?
4. IL A UNE ÉCHÉANCE ?

4. FIXEZ UNE DATE À VOTRE OBJECTIF

aout 2018 Max

4 EXPLOREZ VOS MOTIVATIONS

AVANT DE SE DEMANDER COMMENT ATTEINDRE CET OBJECTIF, IL Y A ENCORE UNE QUESTION TRÈS, TRÈS IMPORTANTE…
DEMANDEZ-VOUS POURQUOI CE BUT PRÉCIS VOUS FAIT AUTANT VIBRER.

Toutes les réponses sont possibles, mais juste… ne répondez pas « c'est comme ça » ou « je n'ai pas le choix » ou encore « tout le monde le fait ». Vous avez besoin d'enraciner votre but dans des motivations personnelles, profondes et claires !

Oui, je sais, ce n'est pas forcément simple d'explorer ses motivations. C'est même pénible quand on évoque certains souvenirs. Mais c'est toujours enrichissant de comprendre **POURQUOI** vous voulez réussir, car vous allez plus facilement trouver **COMMENT**, et ce sera super simple de préparer votre plan d'attaque !

Exemple : pour moi, réussir sur YouTube, ça a été :

- **TRANSMETTRE MA PASSION POUR LE SPORT**
- **MOTIVER LES GENS À ALLER AU TEMPLE**
- **ÊTRE UTILE**
- **FAIRE DES RENCONTRES INCROYABLES**
- **DÉCOUVRIR DE NOUVEAUX SPORTS**
- **RENCONTRER DES PERSONNES INSPIRANTES**

En fait, se demander **POURQUOI**, c'est se demander à **QUOI ÇA VOUS SERT !**

IMAGINEZ la différence entre votre vie d'aujourd'hui et votre vie quand vous aurez atteint votre objectif.

...

MARQUEZ UNE PAUSE

...

FERMEZ LES YEUX...

Voilà, c'est pour ça que vous voulez atteindre votre objectif !

BOUM !

MES MOTIVATIONS

POURQUOI JE VEUX ABSOLUMENT ATTEINDRE MON OBJECTIF ?

Car c'est Ma motivation
Mon youtuber
Car j' ♡ ce qu'il fait

MA VIE QUOTIDIENNE QUAND J'AURAI RÉUSSI :

Ca change tout.

5 ÉTABLISSEZ VOTRE PLAN D'ATTAQUE

POUR COMMENCER, FAITES LA LISTE DE CE QUE VOUS DEVEZ FAIRE POUR RÉUSSIR.

POUR LE BAC AVEC MENTION

- Annuler le rendez-vous avec la petite qui squatte pour avoir le temps de réviser le samedi soir.
- Sourire et faire du charme à votre prof de maths pour avoir au moins 10 de moyenne.
- Travailler en groupe avec la petite aux meules énormes de votre classe car elle, elle est forte en marketing (du coup vous allez vouloir l'impressionner avec vos connaissances).

POUR PRENDRE DU MUSCLE

- Vous devez bosser sur la composition de vos repas pour être sûr d'avoir les bonnes doses de protéines, glucides, lipides et les bonnes vitamines.
- Vous devez avoir un programme précis, sur la semaine (lundi, jour des pecs ; mardi, jour des jambes...) et vous devez intégrer votre entraînement quotidien dans votre vie de tous les jours.
- Vous devez être motivés pour réussir.

DEMANDEZ-VOUS QUI VOUS DEVEZ ÊTRE POUR RÉUSSIR !

DE QUELLES QUALITÉS avez-vous besoin pour atteindre votre but ? Qui devez-vous être pour tenir le coup tout au long de votre plan d'attaque ?

Définissez et visualisez la personne que vous devez être pour réussir. Si vous n'y parvenez pas, ou si vous êtes à court d'idées, pensez à **LA PERSONNE QUE VOUS SEREZ QUAND VOUS AUREZ RÉUSSI.** Est-ce que vous devrez être à l'écoute et empathiques, ou féroces et déterminés ? Plutôt Jedi ou côté Obscur ?

Allez-vous devoir progresser en groupe, ou rester seuls dans votre coin ? Avengers ou Batman ? X-Men ou Superman ?

MON PLAN D'ACTIONS

COMMENT DOIS-JE ÊTRE POUR RÉUSSIR ?

Motiver, vidlle...

DE QUELLES QUALITÉS AI-JE BESOIN
POUR RÉUSSIR ?

Mon age, ma positiviter...

“ CERTAINS VEULENT QUE ÇA ARRIVE. D'AUTRES AIMERAIENT QUE ÇA ARRIVE. ET LES AUTRES FONT QUE ÇA ARRIVE. ”

MICHAEL JORDAN

6 TROUVEZ VOTRE TEMPLE

Pour tenir votre but, vous devez trouver – et peut-être construire – votre Temple.

LE TEMPLE, C'EST LE LIEU SYMBOLE DE VOTRE BUT, LÀ OÙ SE TROUVE L'INSPIRATION.

Mon Temple c'est ma salle de muscu. J'y vais sept fois par semaine depuis sept ans. C'est l'endroit où je travaille, où je souffre, où les petites squattent en leggings, où je regarde pousser ma petite veine du bibi avec amour... Et je vous assure que, quoi qu'il se passe :

- que je sois sorti en boîte la veille,
- que je sois en train de décuver (je ne bois pourtant pas d'alcool),
- que je n'aie pas dormi à cause d'une petite...

J'Y VAIS QUAND MÊME !!!

MAINTENANT, À VOUS DE TROUVER OU D'INVENTER VOTRE TEMPLE.

Ça peut être :

- La médiathèque de votre lycée, parce que c'est calme et que vous y travaillez mieux que chez vous.
- Le petit bureau dans votre chambre.
- Le parc que vous traversez tous les jours, où vous avez décidé de courir trois fois par semaine.

Vous devez vous sentir bien dans ce lieu car vous allez vous y rendre souvent, sentir qu'il est bénéfique, qu'il vous stimule et vous renforce dans votre motivation.

LE TEMPLE DE MON SUCCÈS

7 ALLEZ, ON RÉSUME

Voilà tout ce que vous avez défini aujourd'hui :

- votre **OBJECTIF**, votre but, le résultat que **VOUS** voulez atteindre, et à quoi ressemblera votre vie quand vous aurez réussi : argent, petites, gros bras, permis B, dos de Tortank !
- votre échéance : pour **QUAND** vous voulez avoir réussi ;
- vos **MOTIVATIONS** profondes : à quoi va vous servir ce succès ;
- votre plan **D'ATTAQUE** ;
- les aspects de votre **PERSONNALITÉ** sur lesquels vous pouvez vous appuyer dans cette aventure et ceux qui sont à développer ;
- le **TEMPLE** où vous vous rendrez chaque jour.

!!! DAAAMN !!!

Les gens, je vous dis **BRAVO !** Prenez un moment pour relire tout ce que vous avez écrit pendant cette heure de réflexion.

SOYEZ FIERS ! Vous avez déjà réalisé un exploit que peu de personnes réussissent, ne serait-ce qu'une fois dans leur vie : **VOUS SAVEZ CE QUE VOUS VOULEZ !** Et vous le savez clairement ! Même si vous n'allez pas y arriver tout de suite, vous êtes dans la bonne direction !

« N'AYEZ PAS PEUR D'ÊTRE AMBITIEUX POUR VOS BUTS »

J'ai envie de vous parler de The Rock. Catcheur, showman, acteur, papa poule... Ce qui est intéressant dans son parcours, c'est qu'il a eu l'idée de devenir catcheur à un moment de sa vie où il était vraiment, vraiment, au fond.

Ses parents ne pouvaient malheureusement pas l'aider financièrement. Il décide donc de réussir dans le football américain pour payer ses études. Mais voilà : il échoue aux sélections. De plus, une blessure le rend moins performant que les autres. Bilan ? Il est exclu de son équipe. Le voilà de retour chez ses parents, avec 7 dollars en poche.

Mais au lieu de tomber dans la dépression et de se laisser aller, il s'est demandé de quoi il rêvait. Il a alors décidé de devenir catcheur et s'est entraîné comme jamais. Il est arrivé ainsi au plus haut niveau, avant de pouvoir, grâce à ce succès, se reconvertir dans le cinéma... Et c'est devenu l'un des acteurs les plus énormes & secs de son temps !

Moralité ? On a tous besoin d'un vrai but dans la vie, d'une motivation claire et solide et d'un plan d'attaque hyper précis...!

II

LA PROGRESSION

> QUAND VOUS AVEZ ENVIE D'ARRÊTER, SOUVENEZ-VOUS POURQUOI VOUS AVEZ COMMENCÉ

**ROME NE S'EST PAS FAITE EN UN JOUR.
VOS PECS NON PLUS.
ET VOTRE RÉUSSITE, ENCORE MOINS !**

- Vous voulez des gros biceps ? Ils arriveront à force de travail et de sérieux.
- Vous voulez le métier de vos rêves ? Vous allez devoir donner le meilleur de vous-mêmes et surtout **FAIRE PREUVE DE PATIENCE ! LES RÉSULTATS, CE N'EST PAS POUR TOUT DE SUITE !**

ALORS COMMENT TENIR LE COUP ?

1 DÉCOMPOSEZ VOTRE PLAN D'ACTION

« Un corps de rêve en 5 semaines. »
« Perdre du poids en 7 minutes. »
« Une belle peau, tout de suite ! »

Dans les magazines, sur Internet ou sur l'App Store... vous trouvez plein de formules et de produits miraculeux qui vous promettent des résultats en quelques instants. Aujourd'hui, nous vivons dans un monde où on ne veut plus attendre. On veut tout, tout de suite !

Mais **BOUM !** Mauvaise nouvelle ! Personne ne se transforme en une nuit ou en cinq minutes !

Alors, soyez prêts **À ATTENDRE** les résultats de vos efforts ! Pour ça, je vous propose un outil simple :

VOTRE LIGNE DE TEMPS

COMMENT ÇA MARCHE ?

Vous avez déjà fixé une date finale pour votre but.

Exemple : Je veux perdre 5 kilos avant le début de l'été (21 juin).

Posez maintenant des échéances en face de chacune des actions de votre programme. Comme ça, vous créez une ligne de temps, des étapes à valider afin de garantir votre réussite.

EXEMPLE DE LIGNE DE TEMPS : JE PRENDS 10 KILOS DE MUSCLES

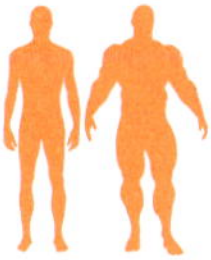

À peine inscrit au Temple où vous vouliez vaguement « retrouver la forme », vous avez tenté d'approcher la sublime petite Karen et sa paire de meules d'un autre monde ♥. Et vous vous êtes fait friend zoner ! Karen a été super gentille et délicate. Mais sa meilleure pote vous l'a bien dit : physiquement, vous n'êtes pas son style. Elle préfère les petits énormes et secs. Alors **AU BOULOT !**

Objectif : gagner le maximum de masse en un minimum de temps, sans se blesser ni se décourager.

OBJECTIF ALIMENTATION :

- Suppression complète des m***** sucrées, vous jetez vos paquets de M&Ms et vos Twix ! Fini les MacDo !
- Trois vrais repas protéinés et une bonne collation tous les jours.
- Double ration de légumes !
- Du thé vert.
- Protéines (animales ou végétales) à tous les repas.
- Vous ne buvez plus que de l'eau, aucun jus de fruit, aucun soda.

LIGNE DE TEMPS :

Décembre 2017 : 1,85 m, 70 kilos, on débute, on se met en forme !

- 3 entraînements par semaine avec repos obligatoire deux fois dans la semaine (le mercredi et le dimanche par exemple).
- À la maison : vous pouvez faire un circuit abdos ou pectoraux, fessiers, sans matériel.
- Au Temple :
  - contrôlez vos mouvements ;
  - ne cherchez pas à soulever trop lourd si c'est pour mal faire l'exercice. Laissez votre ego à la maison !

Mars 2018 : 74 kilos, on débute la vraie muscu.

- 3 entraînements par semaine avec repos obligatoire 2-3 fois par semaine.
- Maintenant on passe aux exercices vraiment spécifiques pour chaque groupe musculaire.
- Réduisez à 1 ou 2 vos repas plaisir *(cheat meal)*.
- Commencez à réduire l'alcool du samedi.
- Prenez 2-3 verres d'alcool maximum si vous buvez le samedi soir.
- Vous pouvez commencer à réduire les sodas.

Juin 2018 : 77 kilos, on passe en vitesse de croisière

- 4 entraînements par semaine.
- Couchez-vous tôt le soir.
- 1 verre d'alcool par semaine.
- Chaque groupe musculaire est travaillé une fois dans la semaine. (Voire deux fois s'il y a des points faibles).

BRAVO ! vous avez dépassé les 75 kilos !

BRAVO ! vous soulevez des charges déjà impressionnantes !

Novembre 2018 : 80 kilos, vous gérez votre progression !

- 5 entraînements par semaine.
- Vous n'avez plus besoin de faire de *cheat meal*.
- Fini l'alcool en soirée.

BRAVO ! vous avez atteint les 80 kilos énormes et secs !

Maintenant Karen s'intéresse à vous !

Sauf que Karen, maintenant, on s'en moque !

Règle #1 : la muscu avant les petites ! **DAAMN !**

- Ne changez jamais physiquement pour faire plaisir à quelqu'un d'autre.
- Si vous faites du sport, c'est pour vous et parce que ça vous fait du bien à vous !

En planifiant ainsi, vous allez obtenir des **RÉSULTATS ENCOURAGEANTS** chaque mois, et pas juste à la fin, vous allez ainsi patienter jusqu'au **RÉSULTAT FINAL :**

- date après date,
- plus facilement.

SOUVENIR D'UNE VIDÉO

J'ai eu la chance, pour une de mes vidéos, de rencontrer une abonnée, Camille, une petite au parcours incroyable. Anorexique, elle était tombée à trente-neuf kilos ; elle a vraiment frôlé la mort. Un médecin a su trouver les mots pour lui donner envie de remonter la pente .

De plus, elle s'est mise à regarder les vidéos d'un mec qui gueulait ***DAMN !*** et ***BOUM !*** tout le temps. Grâce à ce soutien, elle a mis en place un programme alimentaire et sportif. Elle l'a suivi **PATIEMMENT**, avec détermination, ce qui lui a permis de voir son poids remonter **KILO APRÈS KILO**, et de réaliser son rêve : intégrer, après son bac, une filière STAPS. **CHAQUE KILO REPRIS ÉTAIT UN SUCCÈS**, chaque séance de sport une réussite. Camille s'est accrochée, elle a travaillé dur et a pu enfin réaliser son rêve ! Un respect énorme & sec pour elle !!!

JE CRÉE MA LIGNE DE TEMPS

Je décompose mon plan d'attaque date par date.

LIGNE DE TEMPS

DÉBUT

1re échéance : Prendre contacte

2e échéance : Prier pour avois la réponse

3e échéance : Lire tout ses mail chaque jour

4e échéance : Avoir la réponse

5e échéance : pleurer de joie ou de tristesse.

BUT FINAL le rencontrer

LES ASTUCES ET CONSEILS DE LA PETITE VEINE

Qu'importe l'objectif qu'on se fixe, le bon rythme c'est d'y aller par petites étapes, **DE VISER UNE RÉUSSITE PAR MOIS** pour ne pas risquer de se perdre en route.

OBJECTIF : TRANSFORMATION PHYSIQUE

- Choisissez bien ce qui va vous servir à vous évaluer : votre poids, votre taille dans votre marque de jean préférée, la charge que vous soulevez au developpé couché... Il y a plein de possibilités. Choisissez-en une et une seule. C'est elle que vous viserez sur votre ligne de temps : vous aurez ainsi une vision claire de votre progression.

- Fixez bien le nombre de *cheat meals* autorisés par semaine ; si vous restez vague en mode « de temps en temps, je peux bien craquer un peu », ça va vite déraper...

OBJECTIF : VOYAGE AU TOUR DU MONDE !

- Vous êtes en mode gestion de projet. Partez de votre but final et remontez votre ligne de temps, vous y verrez plus clair. Si vous devez économiser de l'argent, faire des vaccins ou obtenir des visas, vous avez intérêt à étudier précisément ce que sera votre date limite afin de tenir vos délais !

LES RÉCOMPENSES ??

Si ça vous motive, vous pouvez prévoir dès maintenant les récompenses que vous vous offrirez chaque mois, si bien sûr vous avez respecté ce qui est prévu dans votre ligne de temps.

2 DÉFINISSEZ VOTRE ROUTINE

Plein de gens vous diront : « La routine, ça sert à rien, il faut la casser, blablabla. »

Eh ben, qu'ils aillent se faire voir chez les pecs !

Moi, je suis **POUR** la routine ! Et je vais vous dire pourquoi !

- Vous allez gagner un temps **MONSTRUEUX**.
- Et vous allez garder toute votre **ÉNERGIE** pour votre objectif !

Quelques exemples :

- **METTEZ VOTRE RÉVEIL** tous les jours à la même heure. Oui, oui le week-end aussi ! Vous allez finir par vous réveiller naturellement, et en pleine forme. Fini les galères le matin !

L'AVENIR APPARTIENT À CEUX QUI SOULÈVENT TÔT !!!

- **PRENEZ** quasiment le même petit déjeuner chaque matin (flocons d'avoine, œuf...) : vous n'allez pas perdre de temps à réfléchir au menu et vous risquerez moins de craquer !
- **HABILLEZ-VOUS** quasi pareil tous les jours (débardeur-jogging pour les petits. Un legging pour les petites) : vous ne perdrez pas de temps à trouver vos vêtements.

Vous avez vu Mark Zuckerberg, le boss de Facebook ? Le gars est tout le temps habillé pareil. Parce que ça lui évite de gaspiller sa bonne énergie mentale à prendre des décisions sans intérêt. Alors OK, vous ne serez pas le plus hipster de votre école, mais on s'en fout ! On n'est pas là pour faire plaisir à Cristina Cordula : « T'es subliiime, ma chérie »...

FAITES LES MÊMES CHOSES DANS LE MÊME ORDRE ET VOUS POURREZ FOCUS VOTRE ÉNERGIE SUR VOS VRAIS OBJECTIFS !

La routine est l'amie de la patience :

- elle vous installe dans un environnement sécurisant ;
- elle supprime les petites décisions inutiles de la vie de tous les jours ;
- elle vous conforte dans l'idée que vous êtes sur les rails pour atteindre votre objectif.

À VOTRE TOUR MAINTENANT ! À quoi peut ressembler votre routine ? Comment la créer pour être sûr qu'elle soit efficace ?

VOTRE ROUTINE DOIT ÊTRE AU SERVICE DE VOTRE OBJECTIF

LES ASTUCES ET CONSEILS DE LA PETITE VEINE

- Chaque jour, y compris le week-end, vous devez faire quelque chose, même minuscule, qui vous rapproche de votre objectif.
- Pas de succès sans forme physique. Quel que soit votre objectif, intégrez un minimum d'hygiène de vie dans votre routine, vous verrez que tout le reste sera plus facile.
- Ne chargez pas trop votre routine quotidienne. Évitez le burn-out. Laissez-vous du temps pour respirer, vous en aurez besoin.

Exemple : Si votre objectif est une bonne moyenne au bac, vous avez besoin d'une routine autour de votre travail scolaire.

- Si vous rentrez du lycée à 17 h 30, planifiez une séance de travail tous les jours de 18 heures à 20 heures.
- Le week-end, planifiez une séance de travail le samedi et une séance « light » de révisions le dimanche matin, afin de garder votre après-midi libre pour vous reposer, voir la petite de Tinder ou mieux : aller transpirer au temple !

Souvenez-vous : **« LA PRIORITÉ ABSOLUE EST VOTRE OBJECTIF. TOUT LE RESTE EST SECONDAIRE ET PASSE APRÈS. »**

Vous hésitez sur une activité ou une sortie ?

RÉPÉTEZ-VOUS CETTE PHRASE, ET VOUS SAUREZ QUOI FAIRE !

VINGT ET UN JOURS POUR UNE NOUVELLE VIE

LE SAVIEZ-VOUS ? UNE NOUVELLE HABITUDE DEMANDE VINGT ET UN JOURS DE PRATIQUE environ avant de devenir, justement, une habitude. Alors, préparez-vous à serrer les dents pendant trois semaines avec votre nouvelle routine.

SEMAINE 1 : Vous me détestez, vous vous demandez pourquoi vous faites du sport, et pourquoi ça fait aussi mal. Votre entourage aussi d'ailleurs : « Tu n'y vas pas un peu fort ? » « Tu es sûr que tu vas tenir le coup ? » « Tu peux y aller progressivement tu sais... » On s'en fout ! Ne les écoutez pas, n'écoutez que votre détermination.

SEMAINE 2 : Vous commencez à vous sentir à l'aise avec votre routine, c'est génial ! Mais du coup, attention, vous pourriez commencer à vous dire que c'est gagné et que vous pourriez même relâcher un peu la pression... Non non ! **NE CRAQUEZ PAS !**

SEMAINE 3 : Bravo ! Je suis fier de vous, le plus dur est fait. Vous devez consolider votre routine désormais.

Quand un mois complet sera passé, vous serez vraiment sur le bon chemin !

3 COMMENT NE PAS BAISSER LES PECS !

« UN JOUR, J'IRAI VIVRE EN THÉORIE, PARCE QU'EN THÉORIE TOUT SE PASSE BIEN. »

MARC LÉVY

Merci, Marc, mais j'ai pas de GPS, moi ! Comment on y va, là-bas ?

PAS DE PANIQUE ! En cultivant votre patience et en suivant votre routine, vous allez être capables d'affronter les obstacles qui vont se dresser sur votre route.

BAISSE DE MOTIVATION ? LAISSEZ LA ROUTINE VOUS GUIDER !

Vous ne savez pas trop pourquoi, mais ces jours-ci, c'est encore plus dur de se lever, de travailler dur, de ne pas se relâcher.

Ou bien :

Vos notes ont bien remonté, même si vous n'y êtes pas encore, et l'horizon du bac est un peu moins sombre. Mais votre petite vous largue brutalement ! Vous ne progressez plus à la muscu. Vous voilà déprimé, avec l'envie de tout envoyer chier...

Surtout pas !

PASSEZ EN PILOTE AUTOMATIQUE ! Appuyez-vous sur votre routine, même si elle vous paraît vide de sens. Continuez de la respecter à la lettre, la motivation reviendra ! Surtout, **NE FAITES PAS L'ERREUR DE TOUT ARRÊTER** en vous disant : « Je reprendrai ma routine quand la motivation sera revenue. » Ce serait la pire erreur à commettre !

CAS DE FORCE MAJEURE (BLESSURE, PROBLÈME DE SANTÉ) : UNE PAUSE POUR L'ESPRIT

Blessé ou grippé, impossible de poursuivre votre routine. Si vous êtes blessés, vous pouvez continuer à travailler d'autres muscles plus éloignés de votre blessure. Profitez-en pour vous occuper de vos cuisses que vous avez toujours eu la flemme de travailler. N'interrompez pas totalement votre travail. Et toujours **AVEC LE SOURIRE !**

Souvenez-vous, quand je me suis cassé le poignet pendant le tournage des vidéos sur la moto...

Au lieu de m'énerver sur moi-même, j'ai accepté mes blessures et le repos obligatoire sans muscu pour tout le haut du corps ! Point positif : ça a été une bonne occasion pour moi de travailler mes jambes et mon cardio.

RÉSULTATS DÉCEVANTS ? PAS DE PANIQUE !

Vous aviez inscrit « moins trois kilos » ce mois-ci sur votre ligne de temps. Vous vous pesez plein d'espoir. Et là... à peine un petit kilo de perdu ! On ne panique pas et on applique **LA RÈGLE DES 4 D !**

- **PENSER DIFFÉREMMENT :** OK, vous n'avez perdu qu'un kilo, mais fouillez dans votre placard : vous avez un jean dans lequel vous ne rentriez plus du tout ? Une chemise dont les boutons s'écartaient ? Faites un essayage et constatez qu'il y a déjà du mieux ! Regardez aussi un ancien selfie de vous dans votre téléphone. Ça va vous rassurer.

- **DIAGNOSTIQUER CE QUI CLOCHE VRAIMENT :** Votre objectif était-il vraiment réaliste ce mois-ci ? Si vous avez déjà perdu dix kilos, c'est normal de perdre moins vite maintenant. Ou au contraire, si c'est le premier mois de régime, vous avez peut-être besoin d'un peu plus de temps pour « décoller ». Combien d'écarts avez-vous commis ? Combien de *cheat meals* vous êtes-vous accordés ? Gardez toujours en tête que le meilleur indicateur de votre évolution, ce n'est pas la balance mais votre miroir !!! Alors, même si vous avez pris du poids, c'est sûrement du muscle !

- **DÉFINIR UN PLAN D'ACTION CORRIGÉ :**

- Vous avez décidé de perdre 15 kilos, mais est-ce que c'est bien ça le but ? Ce qui compte, c'est la silhouette, pas le poids sur la balance, non ? Alors continuez les mêmes efforts, mais fixez-vous l'objectif suivant pour le mois prochain : porter un tee-shirt taille L sans qu'il remonte au-dessus du nombril. Une nouvelle méthode de mesure, ça change tout !
- Si c'est un problème de respect du régime, OK, vous avez eu un passage à vide, mais vous avez quand même perdu plus d'un kilo ! Le mois prochain, vous serez plus stricts avec votre programme !

- **DIGÉRER L'OBSTACLE :** Je le redis, on ne pleurniche pas en mode : « Je suis nul, je n'arrive jamais à rien et je viens de me le prouver à nouveau. » Oui, vous allez peut-être avoir besoin de quelques semaines d'effort supplémentaire pour atteindre votre objectif final. Mais l'essentiel, c'est que vous soyez sur la bonne route, que vous y arriviez, et que votre détermination reste énorme & sèche !

OK, VOUS AVEZ TOUT ENVISAGÉ, MAIS VRAIMENT ÇA NE MARCHE PAS : VOUS ALLEZ VOIR DANS UNE MINUTE COMMENT REBONDIR EN MODIFIANT VOTRE PLAN.

“ LA FORCE NE VIENT PAS DU FAIT DE GAGNER. VOS LUTTES DÉVELOPPENT VOS POINTS FORTS. QUAND VOUS PASSEZ PAR DES DIFFICULTÉS ET QUE VOUS DÉCIDEZ DE NE PAS RENONCER, C'EST ÇA, LA FORCE. ”

ARNOLD SCHWARZENEGGER

4 PAS D'ACHARNEMENT !

Vous pensiez avoir tout prévu, tout arrangé. Mais voilà, vous n'obtenez pas les résultats que vous souhaitez.

- Soit vous avez fait fausse route depuis le début,
- Soit vous avez mal conçu votre plan d'action,
- Soit vos efforts on été mal dosés.

Eh bien positivez ! Vous avez appris quelque chose : comment ne pas atteindre votre objectif. **AINSI, VOUS VOUS CONNAISSEZ MIEUX QUE LORSQUE VOUS AVEZ DÉBUTÉ CETTE AVENTURE** et ça, c'est précieux.

C'est ce qu'a fait Philippe Croizon, un monsieur incroyable. À vingt-six ans, il monte sur le toit de sa maison pour réparer son antenne de télé. Touché par une ligne à haute tension – 20 000 volts – il est miraculeusement sauvé, mais perd ses deux bras et ses deux jambes. Il passe plusieurs mois à l'hôpital... C'est en regardant, à la télé, une petite de dix-sept ans traverser la Manche à la nage, qu'il a cette idée folle : « Je veux le faire aussi ! ». Eh bien, il l'a fait. Ça lui a pris quatorze ans, mais il l'a fait. Et il continue à relever des défis totalement fous, comme s'inscrire au Dakar en tant que pilote : c'est ce qu'il a fait sur l'édition 2016. Alors pour lui, comme pour vous tous qui ne vous laissez pas abattre, même lorsque c'est vraiment dur,

RESPECT DU FOND DU PEC !

CORRIGEZ CE QUI DOIT L'ÊTRE, POUR QUE VOS EFFORTS PAIENT

Reprenez votre plan d'action (voir chapitre 1) et réécrivez-le entièrement, en tenant compte de votre expérience. Vous allez peut-être changer la date finale, ou le plan d'action, peut-être presque tout, peut-être un seul facteur, mais qui sera extrêmement important.

Réécrivez donc votre ligne de temps et votre routine.

5 MUSCLEZ VOTRE PATIENCE

Musclé, vous encaisserez beaucoup mieux tous les coups durs. Un peu comme vos abdos énormes & secs ; grâce à eux, vous ne sentez (presque) rien si on vous met un bon kick dans le ventre...

Pour renforcer votre patience, vous avez donc besoin d'un bon physique, d'un bon mental, et d'une qualité très importante : l'humilité...

JE VOUS EXPLIQUE !

MISEZ SUR VOTRE FORME PHYSIQUE

Si vous êtes au bout du rouleau physiquement, **VOUS SEREZ IRRITABLES ET AGITÉS**, et vous ne supporterez rien : vous rentrerez chez vous le soir énervés car vous ne vous serez pas entraînés.

Dans une bonne routine, on se lève tôt, on se couche tôt, on mange bien, on fait du sport, on sort uniquement le week-end, on boit beaucoup de thé vert et pas d'alcool (ou un petit peu pour les anniversaires...). Résultat garanti ! **ÉNERGIE MAXIMALE !** et capacité à **PATIENTER ÉNORME !**

RESTEZ FOCUS DANS CE QUE VOUS FAITES.

Si vous voulez aller sur Facebook, Twitter ou Tinder pour vous offrir une pause dans votre travail, pas de problème. Mais ne laissez pas votre téléphone à côté de votre clavier, en même temps que vous travaillez... ça ne peut pas marcher ! **SOYEZ PRÉSENTS DANS CE QUE VOUS FAITES.** Quand vous travaillez, ne faites que ça. Quand vous vous reposez, ne faites que ça !

L'HUMILITÉ EST CAPITALE !

OK, vous voulez réussir, mais ne vous croyez pas déjà arrivés avant d'avoir fait le voyage. Il ne faut pas vendre la peau de la dinde avant de l'avoir tuée. **NE PRENEZ PAS UN ÉCHEC POUR UNE INSULTE PERSONNELLE OU UNE HUMILIATION.**

L'humilité signifie que vous travaillez uniquement pour vous et votre objectif. Les résultats que vous attendez sont ceux de votre travail. Donc soyez patients, ils vont arriver, c'est absolument certain.

En revanche, si vous travaillez pour l'admiration, l'amour de votre entourage ou du monde entier, faire plaisir aux autres, impressionner les petites... Ça ne va pas marcher. Et vous y épuiserez votre patience ainsi que votre énergie !

Patience est mère des petites veines ! Restez humbles, gardez vos objectifs pour vous, restez focus, restez dans l'action : vous allez réussir. Je suis fier de vous.

VOUS ÊTES LES MEILLEURS !

« SOIS HUMBLE, SOIS AFFAMÉ, SOIS TOUJOURS CELUI QUI TRAVAILLE LE PLUS DUR »

THE ROCK

III

AIMEZ CE QUE VOUS FAITES

« CHOISIS UN TRAVAIL QUE TU AIMES ET TU N'AURAS PAS À TRAVAILLER UN SEUL JOUR DANS TA VIE. »

CONFUCIUS

Et si c'est Confucius qui le dit, ça doit être vrai, non ? S'il est mort il y a deux mille cinq cents ans et qu'il est toujours célèbre, ça ne peut pas être un hasard... Alors pour aimer, tout ce que vous faites, un seul moyen : **ADOPTEZ UNE ATTITUDE POSITIVE !**

Voici les trois façons simples d'y parvenir :

1. VOYEZ LE CÔTÉ POSITIF

Prenez du plaisir à chaque étape de votre projet, à chaque moment, même les plus difficiles.

2. ADOPTEZ UNE ATTITUDE POSITIVE

Votre posture, la façon dont vous parlez... tout cela a une influence décisive sur votre capacité à aimer ce que vous faites.

3. TROUVEZ DES SOLUTIONS POSITIVES

Parce que se lamenter, c'est moche et ça sert à rien, apprenez à résoudre les problèmes en mode positif.

1 VOYEZ LE CÔTÉ POSITIF

1. VOYEZ LE CÔTÉ POSITIF DE VOS RÉSULTATS !

Chaque fois que vous atteignez un objectif de votre ligne de temps, même si c'est un tout petit pas, **FÉLICITEZ-VOUS !** Ça fait bizarre au début, mais prenez cette bonne habitude : ce n'est pas aux autres de vous dire bravo, vous ne travaillez pas pour eux. C'est à vous-mêmes de vous féliciter : vous savez à quel point vous avez travaillé dur pour ça !

Offrez-vous pour chaque résultat marquant une petite récompense, comme une journée tranquille avec votre petite, un *cheat meal* supplémentaire, un nouveau vêtement, une scéance de muscu...

Une récompense, ça se **MÉRITE !** C'est pas fait pour vous motiver avant, mais pour vous féliciter **APRÈS** avoir atteint un résultat.

2. VOYEZ LE CÔTÉ POSITIF DE VOTRE PROGRESSION !

La progression, c'est ce qui se passe de manière presque invisible entre deux résultats vraiment concrets.

« LES GENS SONT RÉCOMPENSÉS EN PUBLIC POUR UN TRAVAIL QU'ILS ONT FAIT EN PRIVÉ »

ANTHONY ROBBINS

3. VOYEZ LE CÔTÉ POSITIF DE VOS EFFORTS !

Souvenez-vous de qui vous étiez avant. Avant de commencer cette aventure énorme & sèche.

Bien sûr qu'il y a des moments où c'est dur, mais aujourd'hui, c'est mieux qu'avant ! Chaque fois que c'est dur, chaque fois que ça fait mal mais que ça progresse, c'est mieux qu'avant !

ET MÊME, chaque fois que vous soulevez moins lourd qu'à la séance précédente, chaque fois que vous avez une mauvaise note en cours... c'est quand même mieux qu'avant !

ALORS SOURIEZ !

Avec juste un simple sourire, vous envoyez le message à votre corps et à votre cerveau que ce que vous faites est **SUPER POSITIF**. Ça vous rend encore plus forts et plus tenaces.

Souriez ! Quand vous réussissez.

Souriez ! Parce que vous essayez.

Souriez ! Même quand vous souffrez

#MASOCHISTE

Je veux voir plein de belles dents et de la joie dans vos yeux ! Alors, allez-y !

Souriez, parce que vous êtes les meilleurs ! Et parce-que vous avez pris des bras !

ATTENTION, ASSIDU, MAIS PAS NOLIFE

Ne vous cramez pas, ne consacrez pas toute votre vie à votre objectif.

Gardez des moments avec vos potes, en famille, avec votre petite.

LA VIE EST TROP COURTE POUR OUBLIER LES PETITES ET LES PLAISIRS SIMPLES DE TOUS LES JOURS!

- Une partie de Play avec votre frère.
- Un bon repas en famille.
- Un apéro avec des potes.
- Un épisode de *Game of Thrones*.

SOUVENIR D'UNE VIDÉO

Kevin, un abonné, est né avec la mucoviscidose mais, malgré cette terrible maladie, il a choisi d'être heureux. Il profite de la vie, il fait du sport, il prend du plaisir chaque jour et garde espoir.

Aujourd'hui, il a eu une greffe de poumon et a pris 10 kilos de muscle sec ! Pour tout ce chemin parcouru, pour tout son courage et pour son sourire, respect énorme & sec.

2 ADOPTEZ UNE ATTITUDE POSITIVE

ON SE PARLE BIEN !

« T'es débile ou quoi ? »

« Mais quel gros tas... »

« Qu'est-ce que t'es nul à ce sport, tu progresses pas ! »

« Quel con, tu comprends rien ! »

« Pourquoi t'y arrives pas aujourd'hui ? »

« Tu seras nul toute ta vie ! »

Ce genre de phrases, ça fait vraiment du mal. Parlez **POSITIF**, vous garderez une grosse énergie et une motivation bien veineuse !

Soyez attentifs à ce « monologue intérieur », et **REFORMULEZ** pour le rendre positif à tout instant.

J'y arrive pas → J'y arriverai

Quel gros tas → J'ai bien fait de décider de changer

ON ADOPTE UNE POSTURE POSITIVE

Épaules souples, dos large, pectoraux en avant, tête droite, biceps congestionnés, regard fier !

On ne traîne pas les pieds, votre pas est ferme et assuré.

UNE CONVERSATION DÉCISIVE AVEC MES PARENTS

Je me souviens de la première fois que j'ai parlé à mes parents de mon projet de vidéos YouTube.

On était tous les trois dans la cuisine. Quand j'ai commencé à leur expliquer ce que j'avais en tête, sans m'en rendre compte je me suis animé. Je souriais, je riais, tout ce que je disais me semblait évident, et j'avais du plaisir à l'expliquer à mes parents. Toute ma posture était positive ! D'ailleurs, quelques jours après cette discussion, ma mère m'a dit en souriant : « Quand tu nous en as parlé, on a compris que rien ne t'arrêterait de toute façon. »

TROIS ANS PLUS TARD, NOUS SOMMES 3 MILLIONS SUR YOUTUBE !

EXEMPLES DE POSITIVITÉ DANS LA VIE DE TOUS LES JOURS

SITUATION 1 : Journée calme, plutôt ordinaire

ATTITUDE POSITIVE : Vous vous montrez souriants avec des inconnus. Vous vous tenez droits sur votre chaise en cours. Vous faites l'effort de remarquer et de commenter les « petites choses » sympas autour de vous :

- « Tiens, t'as un nouveau débardeur ? Il est super beau ! »
- « Aujourd'hui, il fait plus beau qu'hier... »
- « Tiens, t'as pris des bras ! Tu progresses bien ! »

SITUATION 2 : Un moment bien pourri

Vous marchez dans la rue, en retard pour un rendez-vous. Il pleut et vous avez froid. Vous avez très mal dormi et ça vous met de mauvaise humeur !

ATTITUDE POSITIVE : Vous vous dites que ça pourrait être pire : vous auriez pu vous casser une jambe et faire le trajet avec des béquilles.

Si vous êtes en retard, c'est une bonne chose : il faut savoir se faire désirer !

Il fait froid dehors ? Votre corps doit se réchauffer. Donc, vous brûlez des calories.

SITUATION 3 **:** Un événement génial

Enfin ! après six mois d'attente, c'est le jour du concert de votre groupe préféré.

ATTITUDE POSITIVE : Vous êtes profondément dans l'instant. Vous souriez même à ceux qui vous bousculent dans la fosse, eux aussi sont heureux ! Vous vous racontez tout ce qui vous plaît : le titre qu'ils ont choisi pour démarrer, le fait qu'ils ont revisité votre morceau préféré et que ça vous plaît encore plus, l'énergie qui vient du public...

3 TROUVEZ DES SOLUTIONS POSITIVES

Pour trouver la bonne solution à un problème, posez-vous les bonnes questions !

Si votre question ressemble à une lamentation, ce n'est pas une bonne question !

Si des questions positives sur le problème ne vous apportent pas de solution, passez en mode hélicoptère : voyez la situation d'en haut !

ON NE PLEURNICHE PAS !

CAR ÇA NE VOUS FAIT PAS AVANCER...

« Mais pourquoi je suis aussi gros ? »

OK, vous êtes gros... pour le moment.
Ça va changer. ***NEXT !***

« Pourquoi la vie est si injuste avec moi ? »

La vie est injuste avec tout le monde, donc ***NEXT !***

« Pourquoi je n'arrive jamais à rien ? »

Pas assez précis ! Vous n'arrivez pas à faire quoi précisément ? Et vous avez essayé comment, combien de temps ? ***NEXT !***

VOICI DES QUESTIONS POSITIVES QUI VONT VOUS FAIRE AVANCER :

- Qu'est-ce que je dois améliorer pour résoudre ce problème ?
- Qu'est-ce que je suis prêt à faire ou à changer pour que ça marche ?
- Qu'est-ce que je peux faire pour que ce soit agréable de résoudre ce problème ?
- Qu'est-ce que ce problème peut m'apporter de positif ?

SI ÇA NE SUFFIT PAS, PRENEZ DE LA HAUTEUR !

- Qu'est-ce qui me rend heureux, qui me fait du bien en ce moment dans ma vie ?
- Qu'est-ce qui me rend fier ?
- Qu'est-ce qui me donne de l'énergie ? (Une activité ou une personne).
- Qui est autour de moi ? Sur qui je peux vraiment compter ?

ON RÉSUME ?

Voilà comment vous allez

AIMER TOUT CE QUE VOUS FAITES !

33 %

FILTRE POSITIF

Posture, vocabulaire, sourire

33 %

SOLUTIONS POSITIVES

En cas de problème, ne pas se lamenter, mais se poser les questions positivesqui amèneront vers la solution

33 %

PLAISIR

Profiter, kiffer à fond chaque instant de l'aventure : les résultats, la progression, même les efforts...

Ça fait du bien de transpirer de douleur !

1 %

VEINE DU BIBI

Indispensable pour être au top !

JOURNÉE ORDINAIRE ET CALME

Faites la liste de tous les moments positifs de votre journée :

DÉTOX DU VOCABULAIRE SUR UNE SEMAINE

Vous allez tout simplement descendre d'un cran les mots négatifs que vous employez au quotidien pour parler aux autres ou pour vous parler à vous-mêmes, et monter d'un cran les mots positifs.

Par exemple :

PAPA : « Comment s'est passé ton partiel ? »
VOUS : « Une horreur, c'est la cata. »
NOUVEAU VOUS : « Pas super. Je m'inquiète un peu. »

POTE : « Y aura Cécile-Agnès à la soirée. »
VOUS : « Oh non, pas elle ! »
NOUVEAU VOUS : « Excellent, elle est marrante, ça me fait plaisir de la revoir. »

Le bus a du retard.
VOUS : (dans votre tête) « Mais fait chier, c'est pas possible, ça me rend fou ! »
NOUVEAU VOUS : « Ça m'agace, mais j'y peux rien... Profitons-en pour aller regarder les petites qui squattent sur Instagram. »

Vous passez à table.
VOUS (dans votre tête) : « Encore ce même repas ? J'en ai marre. »
NOUVEAU VOUS : « Génial ! Du riz et de la dinde, quel délice !!! Je vais me régaler ! »

Notez les mots négatifs trop forts que vous employez tous les jours et les mots positifs par lesquels vous pouvez les remplacer :

FAIRE FACE COMME UNE LÉGENDE À UNE SITUATION DIFFICILE

Identifiez, dans les prochains jours ou semaines, une situation difficile que vous aurez à affronter : examen, compétition sportive, entretien d'embauche, premier rencard ?

Visualisez-la en détail et préparez-vous en passant en mode positif tous les paramètres sur lesquels vous avez prise.

Comme ça, le jour J, vous vivrez la situation en mode positif.

Notez comment vous avez vécu cette expérience :

IV

L'ALIMENTATION

> FAITES DU SPORT VOTRE QUOTIDIEN
> ET D'UNE ALIMENTATION SAINE
> UNE HABITUDE

LES GENS, IL EST TEMPS DE PARLER DE CE QUI SE PASSE DANS VOTRE ASSIETTE !

Ce que vous allez manger, c'est important !
Que dis-je, c'est **FONDAMENTAL !**

C'est parce que vous allez bien manger que vous allez tenir la distance.
Grâce à ça, vous aurez l'énergie nécessaire pour :

- aller de l'avant,
- avancer toujours,
- réaliser tous vos projets aussi énormes & secs soient-ils.

BREF, QUE VOUS SEREZ AU TOP !

ALORS, RESSAISISSEZ-VOUS !

Aujourd'hui, peut-être que votre journée type, c'est ça :

7 h 30 : un grand café, du jus d'orange, un verre de lait et les mêmes céréales que quand vous aviez onze ans.

8 h 30 : une chocolatine (ou un pain au chocolat si vous êtes du Nord) sur la route du boulot ou de l'école.

13 heures : un McDo ou un kebab-frites avec un soda ou un autre café.

16 heures : un autre petit café ? Un cookie ?

19 heures : des chips, Mars, Snickers devant YouTube en attendant le dîner.

20 h 30 : Coquillettes, fromage-jambon et deux Flanby.

22 h 30 : Haribo, M&M's, pot de glace Ben & Jerry's devant Netflix.

Le samedi soir entre potes : tapas et alcool à volonté.

Et le dimanche midi, en famille, vous décuvez avec des biscuits apéro et un soda. Avant une bonne bouffe avec vos parents – cassoulet, foie gras et raclette – ça fait plaisir, non ?

Ce schéma représente à 90 % celui d'une personne normale.

Sauf que vous n'êtes pas normal.

VOUS ÊTES LE MEILLEUR !!!

Alors oui, c'est sûr, la bonne bouffe ça fait plaisir. Oui, pendant 5 minutes, vous allez vous régaler, mais ce n'est pas comme ça que votre corps va avoir l'énergie dont il a besoin !

Alors, pour devenir une légende, vous allez devoir faire des efforts et vous ressaisir !

Mais rassurez-vous, ça ne va pas être la prison non plus, bien manger ne veut pas dire souffrir et se priver constamment.

1 DÉFONCEZ LES GROS CLICHÉS AVEC VOS BICEPS !

« POUR MOI C'EST UN PLAISIR DE MANGER, JE N'AI PAS ENVIE D'ÊTRE TRISTE EN REGARDANT MON ASSIETTE, ALORS JE MANGE TOUT CE DONT J'AI ENVIE ! »

Moi, je suis très content quand je passe à table... Vous me connaissez, je ne suis pas du style à déprimer, et encore moins à me faire déprimer moi-même !

Beaucoup de gens me disent : « Mais t'en as pas marre de manger toujours du riz et de la dinde ? Il est où le plaisir, là-dedans ? Vas-y pète un coup et viens au McDo avec nous ! »

Sachez, les gens, que je ne mange pas tous les jours du riz-dinde. Il y aussi du poulet, des légumes, patates douces, haricots verts...

Je fais en sorte de manger équilibré chaque jour.

N'ALLEZ PAS CROIRE QUE MANGER SAINEMENT = AUCUN GOÛT.

Il y a plein de façons de manger bien et bon.

Des épices, des sauces 0 %, des bons produits qui ont du goût ; et puis comme vous faites du sport, pas la peine de trop vous limiter sur les quantités. Vous allez adorer manger sainement !

De plus, apprenez à vous faire plaisir une fois par semaine avec un bon *cheat meal*. À condition d'avoir transpiré au Temple pour le mériter !

« VOUS N'ALLEZ PAS RÉUSSIR VOTRE VIE EN UN JOUR. RESPIREZ ! RÉUSSISSEZ VOTRE JOURNÉE. ET CONTINUEZ DE FAIRE ÇA CHAQUE JOUR ! »

« J'AI HORREUR DES RÉGIMES, FAUT RÉFLÉCHIR TOUT LE TEMPS À CE QU'ON MANGE, Y A TROP DE TRUCS IMPOSÉS. »

Vous le savez, je ne crois pas aux régimes miracles en trente jours, aux méthodes bizarres des stars hollywoodiennes, aux compléments alimentaires qui éliminent les poignées d'amour, et je refuse d'avoir faim... Il faut juste connaître les aliments bons pour votre santé, et après, faire les bons choix devient naturel.

Je ne veux surtout pas vous imposer quoi que ce soit, vous dicter votre conduite, vous obliger à bannir tel ou tel aliment ou vous forcer à manger quelque chose que vous détestez ! Le plus important, comme je le dis souvent, c'est de respecter les choix de chacun.

Il y a juste de grands principes à connaître qui vont vous permettre d'avoir de belles assiettes équilibrées qui vous feront plaisir !

« DE TOUTE FAÇON, APRÈS UN RÉGIME, ON REPREND TOUJOURS TOUS LES KILOS QU'ON A PERDUS ! »

Et ça, c'est vrai ! Se priver, c'est être frustré, fatigué, de mauvaise humeur, et finir par remanger n'importe quoi dès que l'objectif est atteint... Et ça, ça ne sert à **RIEN !** Vous devez trouver la façon saine de manger qui vous convient et la garder toute votre vie !

« TIBO, ÇA VA ME COÛTER SUPER CHER DE MANGER SAINEMENT, J'AI PAS LES MOYENS ! »

Au contraire ! Tout le grignotage au cours de votre journée, le Twix au distributeur le matin, les deux paquets de gâteaux à 15 heures parce que votre déj ne vous a pas rassasiés, un Kinder Bueno à 17 heures avec un Coca... **ÇA COÛTE UNE BLINDE !**

En fait, vous allez vite comprendre que la solution pour équilibrer vos menus, c'est d'acheter des produits basiques, tout simples, et de se les cuisiner soi-même. Jetez-moi ces plats tout préparés à réchauffer au micro-onde et ces *pasta-boxes* qui contiennent plus de sauce que de pâtes. C'est pas très compliqué de faire cuire de la dinde et du riz et c'est vraiment mieux pour vous – en plus, c'est beaucoup moins cher au final. Et dites-vous que si même moi, qui suis nul en cuisine, j'arrive à préparer un repas, c'est vraiment que tout le monde peut le faire.

2 LES VRAIS INDISPENSABLES

BOIRE DE L'EAU

Souvent, quand on a faim c'est qu'on s'ennuie ou qu'on est déshydraté. Alors, allez boire !

ÉQUILIBRER SES REPAS SUR LA JOURNÉE

Ne vous prenez pas la tête à équilibrer parfaitement chaque repas, c'est difficile dès que vous mangez à l'extérieur… Pensez plutôt à la journée, et même à la semaine. Ce qui compte, c'est l'équilibre général. C'est pour ça que vous pouvez garder un bon gros *cheat meal* bien gras et bien sucré de temps en temps avec les copains, ça ne va pas remettre en cause tous vos efforts.

MANGER DES FRUITS ET DES LÉGUMES

Oui, ça fait chier tout le monde. Oui, ce n'est pas bon mais on n'est plus en primaire ! Alors vous m'attrapez cette fourchette de brocolis et vous la mangez jusqu'au bout, car ça va vous aider à être en forme !

Pourquoi vous n'aimez pas les fruits et les légumes ?

- Parce que vous les achetez sans vous soucier de la saison ? Du coup, ils sont chers et ils n'ont pas de goût.
- Parce que vous avez de mauvais souvenirs de la cantine du collège ? Ne vous inquiétez pas, je ne vais pas vous forcer à manger du céleri rémoulade !
- Parce que vous ne les assaisonnez pas ? Calmez-vous sur le sel, et sortez de vos placards (ou du jardin de papy) de l'ail, du thym, du basilic, du persil, du curry, des oignons, du poivre, du curcuma... plein d'épices simples à utiliser et qui vont vous donner envie de passer à table.
- Parce que vous trouvez ça chiant à nettoyer, préparer, découper ? Facile, passez au surgelé ! N'achetez pas de plats tout prêts, mais juste des légumes surgelés, pas chers et faciles à utiliser.

Pour savoir si vous en mangez assez, la règle des cinq fruits et légumes par jour n'est pas mal... Mais évidemment, ce ne sont pas cinq pastèques ni cinq tomates cerises !!! Raisonnez plutôt en grosses poignées, ça sera plus simple.

LES MINÉRAUX

FOCUS SCIENCE

C'est prouvé : les fruits et les légumes sont les seuls aliments, je dis bien les seuls, qui sont à 100 % positifs pour votre santé. Bien sûr, on ne peut pas manger que ça, mais voici ce qu'ils apportent :

- des vitamines nécessaires pour vous sentir en forme et pour que votre corps fonctionne bien,
- des fibres pour l'énergie,
- de l'eau, indispensable pour compléter celle que vous buvez,
- des minéraux, c'est toujours cool d'en avoir !

LES GLUCIDES

CHOISIR DES GLUCIDES COMPLEXES

Les flocons d'avoine, les pâtes complètes, le riz complet, les patates douces... Voilà le carburant de vos révisions, de votre entraînement au Temple

ET DE VOTRE CORPS !

LES PROTÉINES

ÇA SERT À TOUT !

Les prot', je vous en parle souvent dans mes vidéos, donc vous devez déjà être très pointus sur le sujet. Mais on va quand même faire quelques rappels utiles...

LES PROTÉINES

Les protéines sont en réalité un assemblage complexe de molécules appelées acides aminés. Tous sont importants et utiles, et certains, appelés acides aminés essentiels, ne peuvent être trouvés que dans l'alimentation car le corps ne sait pas les fabriquer lui-même.

ET SI ON EST VEGAN ?

Vous le savez désormais, car j'ai testé pour vous ce régime dans une de mes vidéos, on peut parfaitement être végétalien, c'est-à-dire ne consommer aucun produit d'origine animale, et être en très bonne santé.

Il faut miser sur les aliments végétaux les plus riches en protéines : les lentilles, les haricots blancs, rouges ou noirs, le tofu, le seitan, le quinoa... On a le choix !

Il y a des associations délicieuses à cuisiner et bourrées de prot' qui sont connues depuis la nuit des temps dans le monde.

- riz + lentilles, comme en Inde quand on mange du riz avec le dal,
- riz + haricots, comme au Brésil dans la feijoada,
- blé + pois chiches comme dans le couscous ou les falafels,
- maïs + haricots noirs comme dans les plats mexicains.

LES LIPIDES

LE GRAS, C'EST LA VIE !

Il y a des années, on pensait qu'il fallait éliminer le gras pour maigrir. Mais les temps ont bien changé. Des études ont démontré que le gras est important, que dis-je, indispensable pour la santé, et que consommer du « bon » gras ne vous empêchera pas de perdre du poids si c'est votre objectif !!

Les bons lipides, et particulièrement les oméga 3, ont des qualités énormes et sèches : ils permettent de lutter contre le risque de maladies inflammatoires, ils renforcent les défenses immunitaires, ils protègent la peau, ils sont une source d'énergie pour le corps et permettent de mieux récupérer après l'entraînement, donc d'être énorme & sec plus vite !!!!!

Ils permettent aussi de réduire les risques d'obésité, de faire baisser la pression artérielle, d'assimiler les vitamines, d'améliorer l'humeur, la libido et de booster les connexions nerveuses.

Les acides gras trans sont vraiment mauvais pour votre corps, et malheureusement il y en a dans presque tous les produits industriels. Pour les éviter au maximum, vous allez relever un nouveau défi : faire vos courses en prenant le temps de choisir les produits qui vont vous rendre énorme & sec tout en préservant votre santé.

CAR COMME JE DIS TOUJOURS : LA SANTÉ A UN COÛT, MAIS ELLE N'A PAS DE PRIX.

VOICI LA LISTE DE COURSES DE BASE QUE JE CONSEILLE :

- ŒUFS (BIO SI POSSIBLE)
- FLOCONS D'AVOINE
- THON EN BOÎTE
- THÉ VERT
- PAIN DE MIE COMPLET (AVEC MODÉRATION SI VOUS ÊTES ALLERGIQUE AU GLUTEN)
- GALETTES DE RIZ
- POMMES
- HUILE D'OLIVE
- HUILE DE NOIX
- DINDE
- LÉGUMES VERTS SURGELÉS
- COLIN
- LENTILLES (PAS CUISINÉES)
- SALADE VERTE
- FROMAGE BLANC 0 % DE MATIÈRE GRASSE (AVEC MODÉRATION SI VOUS ÊTES INTOLÉRANT AU LACTOSE)
- RIZ

Avec ça, vous êtes parés !

Bon, je vous laisse ajouter ce qu'il vous faut pour votre *cheat meal* de la semaine…

COMMENT FAIRE DE BONNES COURSES AU SUPERMARCHÉ ?

Le piège, au supermarché, ce sont les produits industriels transformés, raffinés, trafiqués en fait : 99 % du magasin, quoi. Votre défi va être de choisir les produits les plus simples et basiques possibles, et c'est vous qui les cuisinerez à la maison.

3 DES REPAS ÉQUILIBRÉS

PETIT DÉJEUNER

Pour bien démarrer la journée, vous avez besoin d'un bon petit déjeuner. Selon vos objectifs et votre mode de vie, il peut être plus ou moins important :

- flocons d'avoine avec du lait d'amande + une banane ;
- deux œufs à la coque + une pomme ;
- une omelette.

Pour la muscu, vous savez que j'ai besoin de manger énormément le matin : la fameuse omelette dont je vous ai parlé, des flocons d'avoine, une banane.

Évitez les céréales type *fitness*. Elles vous promettent souvent d'affiner votre silhouette ou de perdre du gras. Mais en réalité elles sont blindées de sucre.

DÉJEUNER ET DÎNER

Commencez toujours par une grosse portion de crudités : légumes crus (carottes, concombre), salade, avocats, fruits si vous préférez.

Ensuite on passe au plus important, **LES PROTÉINES**

Alors viande (dinde, par exemple) ou poisson ou 3 œufs ou protéines végétales, avec des légumes verts : choux, navets, haricots, brocolis… et des sucres lents – riz, patate douce, quinoa, amarante, boulghour…

N'oubliez pas d'arroser vos légumes de deux cuillères d'huile : colza, olive, noix…

Pour le dessert, si vous y tenez, choisissez quelque chose de très peu sucré, ça vous évitera de dormir debout à 15 heures.

Un petit thé vert pour les propriétés anti-oxydantes et sa capacité de brûle-graisses naturelle.

LES COLLATIONS

Elles évitent d'avoir des gros coups de fatigue, et elles vous permettent d'avoir un apport en protéines entre deux gros repas :

- shaker de Whey,
- sandwich à la dinde.

Si vous n'avez pas besoin de prot' pour les collations, prenez une pomme ou une banane et un autre fruit, de saison. Les amandes, noix, noix de cajou… font aussi de super goûters.

EN PRATIQUE : QU'EST-CE QU'ON MANGE ?

Allez, OK, je passe en cuisine...
Appelez-moi le "Cyril Lignac de la protéine !"
Voici quelques entrées et quelques plats
que j'aime vraiment.

« MON BASIC DU MIDI »

150 g de dinde
150 g de riz (pesé cuit, semi-complet)
Légumes à volonté

« DÉJEUNER GOURMET »

100 g de patate douce
300 g de brocolis
150 g de colin

« DÉJEUNER CHAMPÊTRE »

Entrée : champignons blancs crus,
coupés en lamelles, vinaigrette au curry
Plat : dinde sautée au thym et au basilic,
riz complet ou semi-complet, huile d'olive,
coulis de tomate (en option)

« SPÉCIAL DIMANCHE EN FAMILLE »

Entrée : carottes râpées, raisins secs
et noisettes, sauce au citron

Plat : poulet rôti au four
pâtes complètes

« DÎNER DE FÉVRIER »

Entrée : endives, pommes, noix,
vinaigrette à l'huile de noix

Plat : riz et lentilles cuisinées à l'indienne

« DÎNER DE JUIN »

Entrée : melon

Plat : salade de riz, thon,
tomates, thym et basilic

« LÀ, J'AI VRAIMENT PAS LE TEMPS »

Une pomme (à manger en entrée
pour une meilleure digestion)
3 œufs durs
OU un sandwich au thon

« J'ÉPATE MA PETITE »

Entrée : pamplemousse rose,
avocat et tomates cerises,
crevettes sautées à l'ail
(acheter les crevettes déjà cuites et leur faire
faire juste un aller-retour dans la poêle)

Plat : poulet rôti aux tomates,
olives et oignons, riz basmati

EN PRATIQUE : OBJECTIF, PERDRE DU POIDS !

La 1re chose à faire c'est de vous demander au fond de vous si vous voulez vraiment perdre du poids. Si vous vous sentez bien comme vous êtes, alors ne changez pas pour les autres.

La 2de chose à faire c'est d'aller voir un médecin ou un nutritioniste qui saura vous aiguiller et vous dire si vous êtes allergique à tel ou tel aliment.

Une fois que vous êtes bien clairs sur vos objectifs et vos capacités, en équilibrant vos assiettes comme je vous l'ai expliqué, vous serez sur le bon chemin.

MON *CHEAT MEAL* ÉNORME & SEC :

Il y a des jours où il faut savoir relâcher la pression. Pour ça, le *cheat meal* est idéal ! Ce repas « plaisir » où vous êtes libres de manger ce que vous aimez.

Mais à condition, bien sûr, que vous ayez mangé sainement tout le reste de la semaine !

Perso, pour un *cheat meal*, mon plat favori reste un bon burger chèvre-miel fait maison avec le plus de steak possible... On ne fait pas les choses à moitié !

Et en dessert, une bonne tarte aux pommes crème anglaise ! Là, c'est le bonheur !

Mais attention : n'en abusez pas ! Le *cheat meal* se pratique toujours avec modération ! (Ou presque)

MENU PRISE DE MASSE ÉNORME & SÈCHE

Alors là, c'est sérieux !

Voici le programme que je vous propose :

MENU PRISE DE MASSE ÉNORME	MENU PRISE DE MASSE SÈCHE
7 heures 60 g de flocons d'avoine 4 œufs entiers 1 banane ou 1 compote sans sucre	**7 heures** 40 g de flocons d'avoine 4 œufs entiers et 1 jaune 1 banane ou 1 compote sans sucre
10 heures 1 pomme 30 g de Whey OU 4 tranches de dinde 3 galettes de riz OU 2 tranches de pain complet 1 poignée d'amandes	**10 heures** 1 pomme 30 g de Whey OU 4 tranches de dinde 1 poignée d'amandes
12 h 30 Salade / crudités à volonté Légumes cuits à volonté 200 g de viande maigre (dinde, poulet...) 250 g de riz semi-complet (pesé cuit)	**12 h 30** Salade / crudités à volonté Légumes cuits à volonté 150 g de viande maigre (dinde, poulet...) 150 g de riz semi-complet (pesé cuit)
16 heures 1 pomme 30 g de Whey OU 4 tranches de dinde 3 galettes de riz OU 2 tranches de pain complet 1 poignée d'amandes	**16 heures** 1 pomme 30 g de Whey OU 4 tranches de dinde
Après le sport 30 g de Whey OU 6 blancs d'œufs OU 1 boîte de thon OU 150 g de dinde	**Après le sport** 30 g de Whey OU 6 blancs d'œufs OU 1 boîte de thon OU 150 g de dinde
19 heures Salade / crudités à volonté Légumes cuits à volonté 250 g de poisson blanc OU 1 boîte de thon 200 g de riz semi-complet (pesé cuit)	**19 heures** Salade / crudités à volonté Légumes cuits à volonté 200 g de poisson blanc OU 1 boîte de thon 100 g de riz semi-complet (pesé cuit)

P.-S. : gardez en tête que cette diète est simplement tirée de mon expérience.
Tout le monde devra adapter les quantités à ses besoins.

V

VOTRE RÉUSSITE

« SI VOUS M'AVEZ SUIVI PAS À PAS, VOUS AVEZ DÉCOUVERT COMMENT ATTEINDRE L'OBJECTIF QUI VOUS FAISAIT VIBRER LE PLUS AU MONDE. »

BRAVO, VOUS ÊTES EN TRAIN DE DEVENIR LE MEILLEUR !

Vous avez travaillé dur sur votre projet, sur votre plan d'attaque, mais aussi sur votre attitude face aux événements, sur votre alimentation et sur votre hygiène de vie... Vous pouvez être fiers de vous. Vous méritez un respect énorme & sec car peu de gens sont capables, sur la durée, de s'accrocher comme vous le faites. Vous avez maintenant toutes les cartes en main pour atteindre vos objectifs. Mais vous savez quoi ? On ne va pas s'arrêter là !

Je ne vais pas simplement faire de vous quelqu'un qui réussit.

Je vais faire de vous une **VÉRITABLE LÉGENDE !**

Vous ne devez pas rester dans votre coin avec votre succès. Partagez votre énergie et vos conseils avec vos amis, votre famille et aidez les autres à **PROGRESSER.**

Et vous allez voir, partager sera quelque chose de naturel pour vous, car vous serez bien dans votre corps et dans votre tête. Vous aurez envie que ce soit la même chose pour les autres. C'est la nature humaine, ça ! Quand je vais bien, j'ai envie que tout le monde aille bien.

Alors concrètement, on fait comment ?

Pas besoin d'une chaîne YouTube ou d'un compte Instagram pour partager votre expérience avec vos proches et votre communauté. Pas besoin non plus que ce soit spectaculaire, surtout pour commencer. Être généreux, c'est d'abord **SE MONTRER DISPONIBLE, HUMBLE, OUVERT, CAPABLE D'ÉCOUTER AVANT DE PARLER**, et capable de parler de son expérience avec sincérité, tout ça pour transmettre de l'énergie, de l'enthousiasme, et l'envie de faire à son tour.

C'est la base, et pourtant ce n'est pas si simple que ça !

ON VA VOIR TOUT ÇA ENSEMBLE !

1 N'IMPOSEZ RIEN

Quelles que soient vos bonnes intentions, vous devez retenir que vous ne devez jamais forcer quelqu'un à adopter vos idées, votre mode de vie, ou votre planning au Temple. Vous devez simplement partager ce que vous vivez, et c'est ça qui va **DONNER À VOS PROCHES L'ENVIE D'AMÉLIORER LEUR VIE EUX AUSSI.**

Alors attention, ne saoulez pas les gens de votre entourage en leur expliquant :

- qu'ils doivent faire ci et ça,
- que vous avez raison et que eux ont tort,
- que s'ils veulent réussir, ils doivent faire comme vous...

Vos potes ne sont pas des objets qu'on manipule ! Ils voient bien que vous avez changé, alors c'est eux qui doivent vous demander conseil quand ils seront prêts.

C'est comme ça que l'aventure YouTube a commencé pour moi... Tout le monde me demandait des conseils pour prendre du muscle ou perdre de la graisse.

Mais si c'était moi qui étais allé voir tous ces gens un par un pour leur dire : « Tu ne m'as rien demandé, mais je vais t'expliquer comment ça se passe... », ils n'en auraient rien eu à faire et ne l'auraient pas bien pris.

2 MONTREZ-VOUS DISPONIBLE

Alors OK, vous pouvez lancer le sujet, bien sûr, mais en laissant la discussion vraiment ouverte :

« Si ça te dit de m'accompagner à la salle pour qu'on s'entraîne ensemble, c'est quand tu veux ! »

« Tu veux venir manger chez moi jeudi soir ? Je sais que tu ne me crois pas, mais je te parie que tu vas adorer manger sainement ! »

Mais le top pour que votre expérience profite à votre entourage, c'est de vous montrer **DISPONIBLES** pour que vos proches sentent qu'ils peuvent vous parler de tout, vous demander de l'aide, vous interroger sur ce que vous maîtrisez.

DISPONIBILITÉ
=
PRÉSENCE + ACCESSIBILITÉ

LA PRÉSENCE : C'est basique, c'est quand vous êtes physiquement là ou joignables. Si vos potes ne vous voient jamais et que vous mettez deux jours à répondre à leurs Snap, vous ne pouvez pas être un support pour eux.

NE SURCHARGEZ PAS VOTRE AGENDA : Si vous courez en permanence d'une activité à une autre, plus personne n'osera vous « déranger » pour discuter de quoi que ce soit avec vous. Continuez à passer du temps avec vos proches, et gardez des activités qui n'ont aucun rapport avec votre objectif.

L'ACCESSIBILITÉ : C'est plus subtil, c'est ce que vous dégagez, ce signal qui dit : « Ça me fera plaisir qu'on discute ensemble, autour d'un petit thé vert. ».

AFFICHEZ VOTRE PLUS BEAU SOURIRE : POSITIF ! On va forcément plus facilement vers quelqu'un qui sourit que vers quelqu'un qui fait la gueule. C'est vrai pour les jolies petites, c'est vrai pour vous aussi !

À NOTER : Faire la gueule envoie un signal bien clair au reste du monde : « Ne pas déranger. » En montrant leur mauvaise humeur, beaucoup de personnes ont l'impression que cela veut dire « Aidez-moi », mais elles se trompent, et ça ne fonctionne pas... (Et du coup elles font encore plus la gueule.)

ADOPTEZ UNE POSTURE POSITIVE : Corps bien droit, regard franc, pecs ouverts au max...

Juste avec ça, vous vous rendez accessibles et on aura envie de venir vers vous.

3 VOTRE CAPACITÉ D'ÉCOUTE

Rien à voir avec vos oreilles, entendre et écouter sont deux choses bien différentes.

ENTENDRE, c'est comme soulever une barre à vide de vingt kilos : c'est facile et naturel, il n'y a presque pas besoin de travailler pour ça.

ÉCOUTER, c'est comme quand vous commencez à charger à quatre-vingts, cent, cent vingt kilos.

Vous allez devoir :

VOUS PLACER, c'est-à-dire utiliser un positionnement bien précis, et

VOUS CONCENTRER pour maintenir cette posture ajustée tout au long de l'effort.

Au début, ça vous demande un effort énorme, puis avec **L'ENTRAÎNEMENT**, vous allez avoir de plus en plus de facilité à soulever de plus en plus lourd.

POUR VOUS PLACER EN POSITION D'ÉCOUTE : Soyez attentifs à ce que vous ressentez et aux signaux que la personne vous envoie. Quand vous parlez à quelqu'un, soyez près de lui mais pas trop près non plus. Si vous observez que votre interlocuteur recule légèrement, arrêtez de vous rapprocher. Chacun de nous a une zone d'intimité différente, et si vous ne respectez pas la distance de confort que l'autre essaie de maintenir, ça va être super désagréable pour lui ou pour elle.

C'est la même chose avec le contact physique : si vous êtes du style à toucher le bras ou la main en permanence quand vous parlez à quelqu'un, c'est sympa, mais vérifiez que ça ne met pas l'autre mal à l'aise... Certaines personnes n'apprécient vraiment pas !

> Attention, si vous ne tenez pas compte de ces signaux, si vous ne les écoutez pas, tôt ou tard la personne va fuir la conversation parce qu'elle sera mal à l'aise, et ça n'aura peut-être rien à voir avec ce que vous aurez dit !

Pour rester concentré en position d'écoute, rangez votre portable dans votre poche et gardez Tinder pour plus tard. C'est la base.

LA CONCENTRATION, c'est aussi la capacité à laisser de côté ce qui s'est passé avant cette conversation : le bus qui était en retard, l'engueulade avec votre petite... Si vous êtes dans vos pensées, vous n'écouterez pas non plus.

Mais surtout, essayez d'être vraiment concentré sur **CE QUE L'AUTRE DIT.** Oui, je sais, ça a l'air évident. Mais en vrai, quand vous écoutez quelqu'un, vous passez presque tout votre temps à réfléchir à ce que **VOUS** allez répondre plutôt qu'à vraiment écouter... Et ça vous fait rater plein d'infos dans ce que l'autre dit.

Alors lâchez un peu la machine à vannes, laissez tomber la super anecdote qui est encore mieux que celle qu'on est en train de vous raconter. Et écoutez vraiment.

Certes, c'est difficile ! Mais ça en vaut la peine, parce qu'on va vraiment se confier à vous – et c'est comme ça que vous pourrez vraiment apporter votre support, votre énergie et aider l'autre à avancer dans sa vie.

Faites l'essai, dès votre prochaine conversation avec quelqu'un : **PRATIQUEZ UNE ÉCOUTE TOTALE**, et voyez quelle différence ça fait dans l'échange. Vous allez être surpris.

4 SINCÉRITÉ ET HUMILITÉ

Vous allez changer plus ou moins visiblement, de corps et, ou de vie, en atteignant votre objectif. Votre entourage va donc assez naturellement avoir envie que vous racontiez comment ça se passe pour vous, quels sont les secrets de votre transformation. **C'EST LÀ QUE VOUS DEVREZ ÉVITER LES PIÈGES DU TOUT ROSE ET DU TOUT GRIS !**

LE PIÈGE DU TOUT ROSE :

« J'adore tous les efforts que je fais,
d'ailleurs au final ce n'est pas très difficile. »

« Je suis tout le temps content
de manger sainement. »

« La salade est devenue ma meilleure amie. »

« Je me lève à 5 heures du mat'
sans jamais aucun effort. »

« En soirée je n'ai même pas envie de boire
une goutte d'alcool. »

« C'est génial de réviser chaque dimanche. »

« J'adore les cours. »

Je comprends que pour vous ça parte d'une bonne intention, vous voulez donner envie à votre interlocuteur ! Mais en fait, c'est une très mauvaise idée !

Si les gens vous croient, ils vont juste être découragés ! Parce qu'ils vont se dire que vous êtes sûrement un mutant pour vraiment apprécier tout ça, et que comme eux sont du genre Terriens de base, ils n'y arriveront jamais !

Et si les gens ne vous croient pas, c'est toute votre expérience qui est discréditée, et vous ne pouvez plus la partager avec eux !

LE PIÈGE DU TOUT GRIS :

« T'as vu comment je suis sec ? C'est beau, hein ? Mais j'ai tout le temps faim. Je suis crevé. Je vois plus ma copine et je ne suis pas sorti un seul soir depuis sept mois. »

« J'ai perdu 10 kilos en un mois ! Mais je n'ai rien mangé, c'est horrible ! »

« J'ai eu 18 de moyenne ce trimestre, mais je ne dors plus depuis un mois. »

Waouh. Alors ça, ça ne vend pas du rêve !

Ça aussi, je comprends que ça part souvent d'une bonne intention : la modestie.

Vous ne voulez pas dire aux gens que finalement vous adorez ce que vous faites – vous ne voulez pas avoir l'air de vous prendre pour un surhomme ! Alors vous en faites des caisses sur ce qui est difficile… en passant sous silence ce qui est génial dans cette aventure.

MORALITÉ :

SOYEZ FIERS DE CE QUE VOUS FAITES !

Même quand vous êtes avec un groupe de potes qui trouvent ça super bizarre de faire du sport... N'ayez pas honte d'être différents et, sans les juger, assumez d'avoir fait des choix courageux qui vous font atteindre vos objectifs. N'ayez pas peur de réussir en pensant que cela va vous isoler. Vous pouvez cultiver votre différence, être totalement vous-mêmes et vous intégrer. Être fier, c'est être heureux d'être qui vous êtes. Pas prétentieux : **HEUREUX !**

ET SOYEZ AUSSI FIERS DE VOS RÉSULTATS QUE DES EFFORTS ET DES SACRIFICES QUE VOUS AVEZ ÉTÉ CAPABLES DE FAIRE. Soyez fiers de vous être mis la misère et de vous être accrochés ! Cette fierté, voilà un sentiment génial à partager avec les autres.

5 PASSEZ À L'ACTION

En vous montrant disponibles et à l'écoute, vous avez créé de la confiance et de l'envie dans votre entourage. Maintenant, passez à l'action pour faire une vraie différence dans la vie de vos proches.

MONTREZ QUI VOUS ÊTES PAR CE QUE VOUS FAITES.

Vous voulez montrer au monde que vous êtes différents, meilleurs, plus forts… ce n'est pas à vous de le dire, vous devez le prouver par vos actes !

Si vous avez vu mes vidéos de transformation, vous vous souvenez forcément de Samir, cet adolescent en surpoids qui était tellement victime de moqueries qu'il a arrêté l'école et s'est enfermé chez lui en pensant au suicide. Et puis un jour, il en a eu marre et a pris la décision de se battre avec un courage incroyable. Il a choisi de n'en parler à personne… et il est parti courir à 3 heures du matin, pour que personne ne le voie souffrir, ne le juge ni ne se moque. Il a fait des pompes en secret pour ne pas inquiéter ses parents. Et lorsque son entourage a commencé à le féliciter pour sa nouvelle silhouette, c'était tellement, mais tellement mérité !

SORTEZ DE VOTRE ZONE DE CONFORT. Vous adorez vous entraîner le matin, mais votre pote Waël a besoin que vous soyez avec lui et il n'est dispo que le soir... Alors une fois par semaine, vous irez vous entraîner à 19 heures. Ça vous demande un effort, mais ça en vaut la peine si ça lui donne confiance ! Quand il s'agit d'apporter votre aide ou votre soutien, votre routine ne doit pas vous bloquer.

FAITES DES PROPOSITIONS SANS METTRE LA PRESSION. C'est facile sur les réseaux sociaux ! « Je vais courir dimanche à 10 heures, qui vient ? » « Séance de révisions chez moi mercredi, trois places disponibles ! » Ça marche aussi en direct ; dans la conversation, vous pouvez avoir envie de proposer à votre pote de l'aider ou de vous accompagner. Faites-le, mais n'insistez pas s'il répond non ! Il a peut-être besoin de temps pour mûrir tout ça. Vous proposerez à nouveau plus tard.

TENTEZ DE NOUVELLES AVENTURES, SOYEZ CURIEUX ! Votre réussite vous donne de l'assurance, utilisez-la pour apprendre de nouvelles choses, découvrir de nouvelles activités, aller à la rencontre de personnes que vous ne connaissez pas, partager votre expérience et recevoir celle des autres.

Par exemple, si vous rencontrez un type sympa au Temple qui débute en muscu et fait de la boxe en club, pourquoi ne pas l'accompagner et essayer ce sport que vous ne connaissez pas ? Vous mettez en commun vos expériences, ça vous fait grandir tous les deux.

CHERCHEZ EN PERMANENCE À ÊTRE UTILE, à vous-mêmes, aux autres et à votre communauté. Dans votre quartier, vous avez repéré quelque chose qui mériterait vraiment d'être amélioré, d'ailleurs ça vous agace chaque fois que vous passez devant. Ne restez pas agacés, faites quelque chose ! Si vous ne pouvez pas le faire vous-mêmes, trouvez qui vous devez « faire bouger » pour que ça change. Commencez par de petits changements, et vous verrez que vous irez de plus en plus loin sur cette voie.

FAITES DU TRI ! Je ne vous parle pas juste du papier et des bouteilles en verre, évidemment (même si c'est la base).

- Faites du tri dans vos contacts de téléphone et vos amis Facebook. Cultivez des relations positives, entourez-vous de personnes positives.

Mais attention, ça ne veut pas dire laisser tomber vos potes qui vont mal ! On peut avoir une relation positive avec quelqu'un qui traverse une mauvaise passe. Ce qui doit vous alerter, ce sont ces proches « toxiques » qui n'ouvrent la bouche que pour (vous) critiquer, se plaindre ou vous demander de faire à leur place ce qu'ils n'ont pas envie de faire.

- Faites du tri dans votre agenda : Vous voulez être meilleurs ? Être plus forts ? Être utiles ? Être disponibles pour votre entourage ? C'est très bien, mais les journées ne font que vingt-quatre heures.

Repérez, dans votre semaine, ce qui ne sert à rien. Ce que vous faites par habitude et qui ne vous fait qu'à moitié plaisir, quand vous y réfléchissez bien. C'est fait ?

…

…

…

Ça y est ? Vous avez fait le tri ?

6 PARTAGEZ SUR LES RÉSEAUX

Souvent, on critique les réseaux sociaux qui nous enfermeraient sur nous-mêmes. Moi je vais vous montrer comment vous en servir pour que vous deveniez les meilleurs.

Certains matins, j'avoue que c'est compliqué de se lever et de trouver la motivation juste en nous-mêmes. Ça m'arrive aussi, rassurez-vous !

Et dans ces cas-là, je cherche souvent de l'inspiration sur Facebook ou sur Instagram, sur les comptes d'amis proches ou bien de gens que je ne connais absolument pas mais qui arrivent à me transmettre leur énergie avec un post, une jolie citation ou la photo d'une petite qui squatte.

Je suis sûr que vous aussi, vous avez une petite dizaine de comptes de gens plus ou moins proches que vous suivez particulièrement, pas pour savoir ce qu'ils ont mangé ou s'ils ont bien dormi, mais parce qu'ils vous donnent la pêche.

ET POURQUOI PAS VOUS ? Ne croyez pas que ces YouToubeurs ou Instagrameurs ont quelque chose de spécial, de magique que vous n'avez pas ! Si vous voulez vous aussi partager généreusement votre énergie et votre inspiration au quotidien, voici les mots-clés à avoir en tête :

#TEMPS : Prenez le temps de publier régulièrement, et prenez le temps de réfléchir à ce que vous postez. Pour que ceux qui vous suivent s'y retrouvent, ne postez pas toutes les cinq minutes, ne publiez pas pour ne rien dire, ne restez pas muets pendant trois semaines sans raison et sans expliquer pourquoi.

#SINCÉRITÉ : On a tous envie d'être les plus beaux, les plus forts, les plus intelligents et d'avoir les plus gros pecs sur les réseaux sociaux. Si vous voulez en faire un business, pourquoi pas. Mais si vous voulez être une légende, vous devez rester sincères et honnêtes sur vos moments au top comme sur vos moments où ça va moins bien. Regardez quand je me suis cassé le poignet, j'ai pas gardé ça pour moi ! Personne n'est parfait, personne n'est le meilleur chaque jour ; ce qui fait la différence, c'est la façon dont vous gérez les hauts et les bas !

Le risque, en voulant se montrer toujours au top, c'est de rentrer dans une spirale de mensonges dans laquelle vous entraînez vos proches.

Si vous retouchez toutes vos photos pour avoir l'air de M. Parfait ou que, à court d'inspiration, vous volez les meilleures phrases d'autres comptes, quel intérêt pour ceux que vous avez envie d'aider ? Montrez simplement à quel point cela vous rend heureux de travailler en étant vous-mêmes. Et là, vous serez vraiment au top. Les gens doivent vous accepter comme vous êtes !

Il y a quelque temps, une jeune fille nommée Essena O'Neill a fermé son compte Instagram après avoir changé toutes les légendes de ses photos. Elle révélait ainsi que ses photos « naturelles » au saut du lit avaient en fait nécessité des centaines de prises, que les images « Je pars courir » ne correspondaient à rien car elle avait juste mis sa tenue de sport et pris la photo avant de rentrer chez elle… Et qu'elle avait rendu la vie impossible à toute sa famille en leur imposant des shootings épuisants et ses exigences de perfection au quotidien.

#TEAMSHAPE : Vos proches, votre entourage, vos followers… la voilà, votre team ! Vous pouvez compter sur eux. Alors placez-les eux aussi dans la lumière avec vous (avec leurs pecs et leur dos de Tortank). Mettez vos amis, followers, abonnés en valeur, ça va leur donner de la confiance et l'envie d'avancer encore plus : ça va booster leur motivation et leur créativité, et leur donner envie de continuer à vous suivre !

MODE LÉGENDE : ACTIVÉ

La réussite, même durement gagnée, ne vous rend pas légendaires. C'est en offrant aux autres ce que vous avez de plus précieux que vous allez, vraiment, accéder au statut de légende.

Vous offrez ce qui ne s'achète pas : de l'écoute, de l'aide et votre temps précieux.

Vous offrez votre réussite personnelle non pas pour vous la péter et vous moquer des autres qui n'ont pas encore réussi, mais pour montrer aux autres qu'eux aussi peuvent le faire.

Vous offrez ce que vous savez, ce que vous avez appris, ce en quoi vous croyez.

En offrant tout cela, vous n'attendez pas de retour particulier. Le retour viendra ou pas, l'énergie que vous avez offerte sera peut-être transmise à quelqu'un d'autre. En tout, cas cette énergie doit circuler. Ne la gardez pas pour vous.

Et tout ça fera de vous une

VÉRITABLE LÉGENDE !

BOUUM !!

FAQ LÉGENDAIRE !!!

QUELS EXERCICES PEUT-ON PRATIQUER À LA MAISON SANS MATÉRIEL LORSQU'ON NE PEUT PAS ALLER AU TEMPLE PENDANT PLUSIEURS JOURS ?

Pas question de se relâcher sous prétexte que le Temple est loin, que vous n'avez pas l'âge, ou que ça coûte trop cher ! Pratiquez des exercices simples, au poids de corps, pour maintenir votre condition énorme & sèche.

- **LES POMPES :** un grand classique qui a de nombreuses variantes : à genoux, mains écartées, mains serrées, pied en l'air, avec une main… Trouvez la vôtre !
- **LES ABDOS :** travaillez en alternant crunchs pieds au sol et gainage en planche pour ne pas vous faire mal au dos.
- **LES TRACTIONS** (si vous avez une barre chez vous) **:** avec mains en pronation pour travailler le dos et en supination pour travailler les biceps.
- **LES SQUATS :** descendez le plus bas possible avec le dos bien droit, poitrine vers l'avant et hanches vers l'arrière. Pour vous aider à maintenir cette posture correcte, gardez les bras au-dessus de la tête.

JE SUIS DÉCIDÉ À ME METTRE AU SPORT, MAIS J'AIMERAIS SAVOIR QUEL SPORT FAIT MAIGRIR ET QUEL SPORT FAIT PRENDRE DE LA MASSE.

On me pose souvent cette question dans mon entourage et sur YouTube ou Instagram. Selon moi, n'importe quel sport fait maigrir ou prendre de la masse en fonction de l'intensité que vous y mettez ! Ce qu'il faut retenir, c'est une équation simple : si vous brûlez plus de calories que vous n'en absorbez, vous allez perdre du poids (ou sécher).

Mais attention, comme vous le savez, je ne suis pas un fan de la perte de poids à tout prix : on finit par ne plus manger à sa faim, et je trouve ça dangereux. Le poids n'est qu'un chiffre !

Au final, c'est la combinaison sport adapté + alimentation adaptée qui va vous faire atteindre votre objectif : vous affiner ou vous épaissir.

MES PROCHES NE ME RECONNAISSENT PLUS DEPUIS QUE J'AI DÉCIDÉ DE TRAVAILLER POUR MON BAC, ILS TROUVENT QUE JE ME METS TROP LA PRESSION, COMMENT LEUR DIRE QUE C'EST MON PROBLÈME ?

Vous voilà bien installés dans votre plan d'attaque, et vos résultats parlent pour vous : vous avez bien amélioré votre moyenne en travaillant dur.

Et pourtant, autour de vous, on s'inquiète : c'est toujours dur de voir changer ceux qu'on connaît. Ça vous énerve... OK ! Mais tout d'abord, n'oubliez pas que cette inquiétude est une preuve d'amour. Vous avez de la chance, vous êtes entourés ! N'ignorez pas les remarques, prenez-les en compte et sachez les décoder.

- Votre mère trouve peut-être que vous ne dormez pas assez ? Montrez-lui le planning de votre nouvelle routine, elle verra que vous dormez plus de sept heures par nuit.
- Votre petite a l'impression de ne plus compter pour vous ? Prenez le temps de lui expliquer pourquoi cet objectif est important pour vous, pour votre avenir, et faites l'effort de lui témoigner plus d'attentions qui ne prennent presque pas de temps : petits textos dans la journée, déjeuner ou dîner ensemble une fois par semaine...

Voilà !

- Vous avez montré à votre entourage que leur inquiétude compte pour vous.
- Vous avez peut-être même pris en compte certains conseils.

Mais restez bien clairs avec tout le monde et avec vous-mêmes : la décision finale vous appartient. C'est vous qui menez votre vie. Écoutez votre instinct pour savoir quand vous pouvez faire une pause et quand vous devez être très stricts sur votre programme.

POURQUOI LA RÉCUPÉRATION EST-ELLE IMPORTANTE, ET COMMENT BIEN RÉCUPÉRER ?

Pour votre progression, la récupération est aussi importante que votre séance de sport !

1. C'est pendant le repos que le muscle se construit : l'entraînement déchire les fibres, et le muscle se régénère et se développe pendant le repos

2. Des séances trop rapprochées entraînent une baisse de performance physique, de la fatigue et un risque de blessure décuplé.

Alors, comment bien récupérer ?

Prévoir de dormir au moins six heures, idéalement sept à huit heures par nuit (selon votre tempérament).

Boire beaucoup d'eau.

Savoir écouter son corps

Ne pas se forcer si on se sent fatigué et pas suffisamment en forme pour faire un entraînement.

N'OUBLIEZ PAS : LA MUSCU N'EST PAS UN SPRINT, C'EST UN MARATHON !!

EST-CE QUE LES COMPLÉMENTS ALIMENTAIRES SONT INDISPENSABLES ?

Non, les compléments alimentaires ne sont jamais indispensables.

Ils peuvent être une aide pour combler certaines carences liées au mode de vie :

stress important → manque de magnésium
climat européen → manque de soleil (vitamine D)
grosse séance de muscu → besoin de protéines...

Ils sont pratiques à utiliser : c'est plus facile de se faire un shaker de Whey à 16 heures à l'école ou au bureau qu'un sandwich à la dinde qui va embaumer toute la salle de cours.

Les compléments peuvent aussi être économiques, notamment quand ils remplacent une partie de la viande que vous mangez chaque jour.

Mais aucun complément alimentaire n'est magique et aucun ne va vous transformer du jour au lendemain. Si votre alimentation est complètement déséquilibrée, un complément ne servira à rien ! Donc la priorité absolue est de soigner vos menus pour qu'ils vous apportent de quoi atteindre vos objectifs.

EST-CE QUE JE DOIS SOIGNER MON STYLE POUR PRATIQUER MON SPORT PRÉFÉRÉ ?

Avant, les vêtements de sport, c'était surtout pratique.

Mais depuis quelques années, de nouvelles marques ont investi le créneau du fitness pour proposer des tenues vraiment stylées.

Cependant, ça coûte cher... mais si vous avez les moyens, pourquoi pas ? S'offrir une nouvelle tenue peut être une récompense pour avoir atteint un des objectifs de la ligne de temps. Au quotidien, voir que vous remplissez de plus en plus ce tee-shirt avec vos super pecs et votre dos de Tortank, c'est motivant. Retenez toujours : un homme qui a réussi dans la vie, c'est un homme qui a rempli entièrement les manches de son T-shirt avec ses biceps !

Mais la priorité, c'est quand même de transpirer dedans. Vos vêtements ne sont pas là juste pour faire joli dans votre penderie ou sur vous, et vous n'allez pas au Temple pour exhiber vos tenues. C'est vos muscles qu'il faut montrer, DAAMN !

JE NE SUPPORTE PAS DE RATER UN ENTRAÎNEMENT, C'EST GRAVE, TIBO ?

Attention, je suis très sérieux, il faut être vigilant dès qu'on se sent devenir accro à quoi que ce soit, et au sport aussi. Le terme médical pour cela est « la bigorexie » : c'est le fait d'être accro au sport en général ou à la musculation en particulier ; cette maladie est reconnue par l'OMS !

Si vous changez radicalement de vie en commençant le sport, vous serez évidemment enthousiastes et passionnés au départ, et c'est normal de ne penser/parler/manger que sport.

Mais au fil du temps, si :

- vous vous trouvez constamment trop maigres,
- vous vous sentez comme une merde si vous ne vous êtes pas entraînés pendant une journée,
- vous prenez toutes vos décisions de vie en fonction de votre pratique sportive,

alors vous devrez réagir ! On a le droit d'être accro mais il ne faut pas mettre sa famille et ses amis de côté.

J'AI TREIZE ANS ET J'AI ENVIE DE FAIRE DE LA MUSCU, JE PEUX ?

Les os finissent de se souder vers vingt ans, et certaines personnes trouvent très dangereux de faire de la muscu avant cet âge pour cette raison. On dit même que ça peut bloquer la croissance. Et en réalité, il est préférable avant la puberté, de ne faire que des exercices au poids de corps – pompes, abdos, tractions, air squats. N'utilisez aucune charge.

Dès que vous avez 17-18 ans, vous pouvez commencer les exercices chargés, mais en respectant strictement ces deux règles :

- **RÈGLE 1 :** mangez beaucoup et bien pour ne pas maigrir. Votre corps est déjà bien occupé à grandir et consomme beaucoup d'énergie pour ça, donc si vous ajoutez la muscu au programme, il va vous falloir de grosses assiettes bien composées.

- **RÈGLE 2 :** soignez vos tendons qui sont encore fragiles. Utilisez des charges légères et effectuez vos mouvements lentement, doucement, en faisant très attention à votre position.

CONCLUSION

Et voilà, les gens, maintenant vous savez (presque) tout !

En étant passionné et en travaillant dur avec la bonne méthode, vous allez réussir et atteindre tous vos objectifs.

Pour progresser, vous allez donc devoir sortir de votre zone de confort. Mettre plus de poids sur la barre ou alors tester un sport ou une activité dans laquelle vous n'êtes pas à tout à fait à l'aise.

Mais c'est votre générosité et votre capacité à partager votre succès et votre énergie positive qui vont vraiment faire de vous une légende.

LA PREUVE !

Vous avez peut-être remarqué que, depuis plusieurs mois maintenant, moi aussi je sors de ma zone de confort pour mes vidéos. Au début, je me filmais moi uniquement, en train de faire ce que je sais faire de mieux : de la muscu. Aujourd'hui, je vais à la rencontre d'autres sportifs ou de héros du quotidien qui méritent d'être mis en avant, et je teste des activités même si je risque d'être ridicule, parce que ça vous fait marrer et ça vous permet de découvrir des choses étonnantes ou intéressantes.

Je m'investis totalement dans ces projets ; j'y ai même laissé (provisoirement) mon poignet, vous vous souvenez ? Mais bon, je vous l'ai déjà dit, les blessures font partie de la vie...
Et vous savez ce qui est le plus fabuleux ? C'est qu'en rencontrant des personnes de tous horizons, je n'ai jamais été aussi épanoui de ma vie. À chaque vidéo, j'apprends quelque chose que je vous fais partager.

En m'efforçant d'offrir du temps, de l'écoute, mon corps, de la visibilité... je reçois tellement ! Ma vie est incroyablement riche, je ne m'ennuie pas une seconde, j'apprends tous les jours quelque chose.
C'est pour ça que je reste motivé comme jamais pour chacune de mes vidéos ! Je sais que des gens comptent sur moi : mes abonnés, les sportifs que j'essaie de faire connaître, les personnes à qui je donne un peu d'inspiration pour changer de vie. Alors je m'accroche pour continuer et même aller toujours plus loin...
Et pour tout ce qui arrive, je vous dis merci du fond du pec jusqu'au creux de mon deltoïde car sans vous il n'y aurait rien. Je suis fier de faire ce chemin avec vous car une longue route énorme & sèche nous attend !

TEST

QUELLE LÉGENDE ÊTES-VOUS ?

1. LE RÉVEIL SONNE ! DERRIÈRE MES VOLETS, JE VOIS LE SOLEIL QUI COMMENCE À BRILLER : ÇA VA ÊTRE UNE BELLE JOURNÉE ET JE SUIS DE SUPER BONNE HUMEUR. MON PREMIER GESTE :

■ J'ai FAIM ! Vite, à table pour un énorme petit déj. Hors de question d'entreprendre quoi que ce soit avant ça, et on évite de me parler pendant que je mange, merci.

▲ Je consulte toutes mes notifications Snap, Twitter, IG et FB. Comme j'ai des contacts partout dans le monde, il s'est forcément passé quelque chose pendant que je dormais.

● Je réveille ma petite : elle fait un peu la gueule, mais j'ai une super idée et j'ai trop envie de lui en parler.

★ J'attrape la tasse de thé vert qui est posée par terre à côté du lit : c'est ma copine qui me la prépare tous les matins en semaine… et c'est moi qui la lui prépare le week-end !

2. ÇA VA ÊTRE UNE GROSSE JOURNÉE :

■ La salle de sport de ma ville est fermée depuis des mois pour rénovation, mais il n'y a aucuns travaux et il ne se passe rien. Je propose à mes amis bodybuilders de venir avec moi à la mairie et de faire une scéance de muscu dans le bureau du maire... Je suis sûr que ça va accélérer les choses !

▲ Je commence par un entraînement de force ce matin avant les cours, et ce soir je vais courir un petit 10 kilomètres avec trois potes.

● J'ai créé un groupe de révisions pour mon concours ; on travaille ensemble tous les soirs, il y a une super ambiance. Ce soir c'est chez moi, donc je vais cuisiner pour tout le monde.

★ Ce matin, étirements, travail de gainage, méditation et douche chaude-froide. Ensuite je pars en cours. À midi, je vais nager. Cet après-midi je bosse chez McDo, ça fait six mois maintenant. Ensuite je vais chez un pote avec qui je développe une appli, mais attention c'est top secret.

3. EN SORTANT DE CHEZ MOI, JE TOMBE SUR UN PETIT CHIOT QUI A L'AIR PERDU.

■ Je le prends dans mes bras et fais le tour du quartier, il y a sûrement quelqu'un en train de le chercher pas loin.

▲ Pas le temps de traîner, mais hors de question de l'abandonner à son sort. Je le prends en photo et je poste sur tous les réseaux sociaux, puis je l'emmène avec moi pour toute la journée – quand son maître me contactera, on verra comment on s'organise. Et s'il y a des gens que ça dérange de me voir débarquer avec le chiot, tant pis pour eux !

- ● Je l'emmène chez ma voisine qui adore les animaux. Elle va le chouchouter toute la journée, et ce soir on préparera des affiches pour retrouver sa famille.
- ★ Je checke tous les réseaux sociaux pour voir si on le cherche ; rien. Je le prends en photo et fais un détour par un refuge pour le déposer ; à ma prochaine pause, je posterai un message pour indiquer où il se trouve.

4. LE DERNIER FILM QUE J'AI ADORÉ :

- ■ *Logan.*
- ▲ *Fast & Furious 8.*
- ● *Rogue One.*
- ★ *Lion.*

5. J'AI DIX MINUTES DEVANT MOI :

- ■ Je regarde ce qui se passe sur Twitter.
- ▲ Je mange un morceau – j'ai tout le temps faim !
- ● J'envoie un texto à ma petite.
- ★ Je me marre devant des vidéos YouTube.

6. LA DERNIÈRE FOIS QUE J'AI FLIPPÉ :

■ Je croyais que j'avais oublié mon shaker à la salle, mais en fait non.

▲ J'ai fait une sale blague à un mec plutôt costaud de ma fac, il l'a mal pris et a dit à tout le monde qu'il allait m'en coller une.

● J'avais perdu mon téléphone, j'ai mis presque deux heures à le retrouver, l'horreur.

★ Je suis parti en week-end à la campagne et il n'y avait pas la 4G.

7. MA SOIRÉE IDÉALE :

■ Dîner avec mes quatre meilleurs potes et ma petite.

▲ Une bonne grosse partie de *Call of Duty*.

● Un vendredi soir à la muscu.

★ Un film, une bonne bouffe, un verre entre potes !

8. ÇA, J'EN SUIS VRAIMENT FIER :

■ Au lycée, j'avais lancé le projet d'obtenir un tarif préférentiel dans une salle de sport afin que même ceux qui n'en avaient pas les moyens aillent s'entraîner. Certains ont même perdu du poids !

▲ Dans mon entourage, je suis celui qu'on appelle pour des conseils, pour se confier, quand ça va super et quand ça ne va vraiment pas.

● J'ai fini troisième de la compétition sportive de mon club alors que je m'étais à peine entraîné ! Objectif l'année prochaine : numéro 1 !!!

★ J'ai formé mes parents et tous leurs copains à l'utilisation des réseaux sociaux, pour qu'ils ne deviennent pas de gros ringards... enfin, pas tout de suite.

9. POUR ME DÉPLACER, RIEN NE VAUT :

■ Mon scooter.

▲ Mon vélo.

● Ma voiture.

★ Mon pass Navigo.

10. PARMI LES CHOSES À FAIRE AVANT DE MOURIR, JE VEUX ABSOLUMENT :

■ Monter au moins une fois à la tribune de l'Assemblée nationale : j'ai des messages importants à faire passer.

▲ Participer à une compétition sportive internationale dans mon domaine : la France, c'est pas assez grand !

● Voir mon nom en Top Tweet : je vais marquer les esprits.

★ Partir en voyage humanitaire pendant six mois au moins : je veux agir concrètement.

11. C'EST MOI QUI CUISINE :

- ■ Salade avocat-quinoa, brochettes dinde-poivrons et riz, fromage de chèvre frais, smoothie banane-orange.
- ▲ La plus grande pizza de l'univers !!! (Enfin, celle qui rentre dans mon four.)
- ● Ben, on commande un truc, non ?
- ★ Indien, libanais, mexicain : du moment qu'on voyage...

12. I LOVE YOU...

- ■ Mes amis, mes potes, mes frères...
- ▲ Ma chérie, la plus belle, sa paire de meules, mon amour.
- ● Mon Mac, mon Samsung, mon Huawei, jamais sans toi !
- ★ Ma salle de muscu ! La muscu avant les petites !

LES RÉSULTATS

Une majorité de ■ : Votre **FORCE** est légendaire

Des muscles partout, un dos super puissant, vous pouvez courir longtemps, soulever et lancer n'importe quoi très, très loin et très, très fort. Physiquement, personne ne vous impressionne. Vous ne connaissez pas la peur et gardez (presque) toujours votre calme.

6

Une majorité de ▲ : Votre **MAÎTRISE** est légendaire

À l'aise avec toutes les technologies, vous vivez déjà en 2217 car vous savez les combiner pour obtenir un résultat unique et complètement nouveau. Vous êtes organisé et hyper efficace, et chaque minute de votre journée sert à quelque chose de vraiment important.

5

Une majorité de ● : Votre **AUDACE** est légendaire

Un culot dingue. Vous osez absolument tout, et en plus ça marche ! Et vous mettez ça au service des causes auxquelles vous croyez ; vous exprimez votre générosité.

3

Une majorité de ★ : Votre **CHARISME** est légendaire

Vous savez toujours trouver les mots et utiliser votre sourire dévastateur pour convaincre tout le monde de vous suivre dans vos entreprises. Tout le monde vous aime et vous aide à franchir les obstacles, y compris ceux que personne n'a su franchir avant vous.

4

DIRECTION ÉDITORIALE

Cécile-Agnès Champart

Denis Bouchain

CONCEPTION ET RÉALISATION

Émilien Castaing

FABRICATION

Christian Toanen

Nikola Savic

“ UN GRAND MERCI DU FOND DES PECS À TOUS MES ABONNÉS DE LA TEAMSHAPE QUI ME PORTENT (ET ME SUPPORTENT) DEPUIS TOUTES CES ANNÉES.

VOUS ME DONNEZ LA FORCE DE ME DÉPASSER CHAQUE JOUR !! „

Aubin
IMPRIMEUR

Dépôt légal : août 2017
ISBN 13 : 978-2-7499-3258-3
LAF 2370